SAUCEN

GORM WISWEH

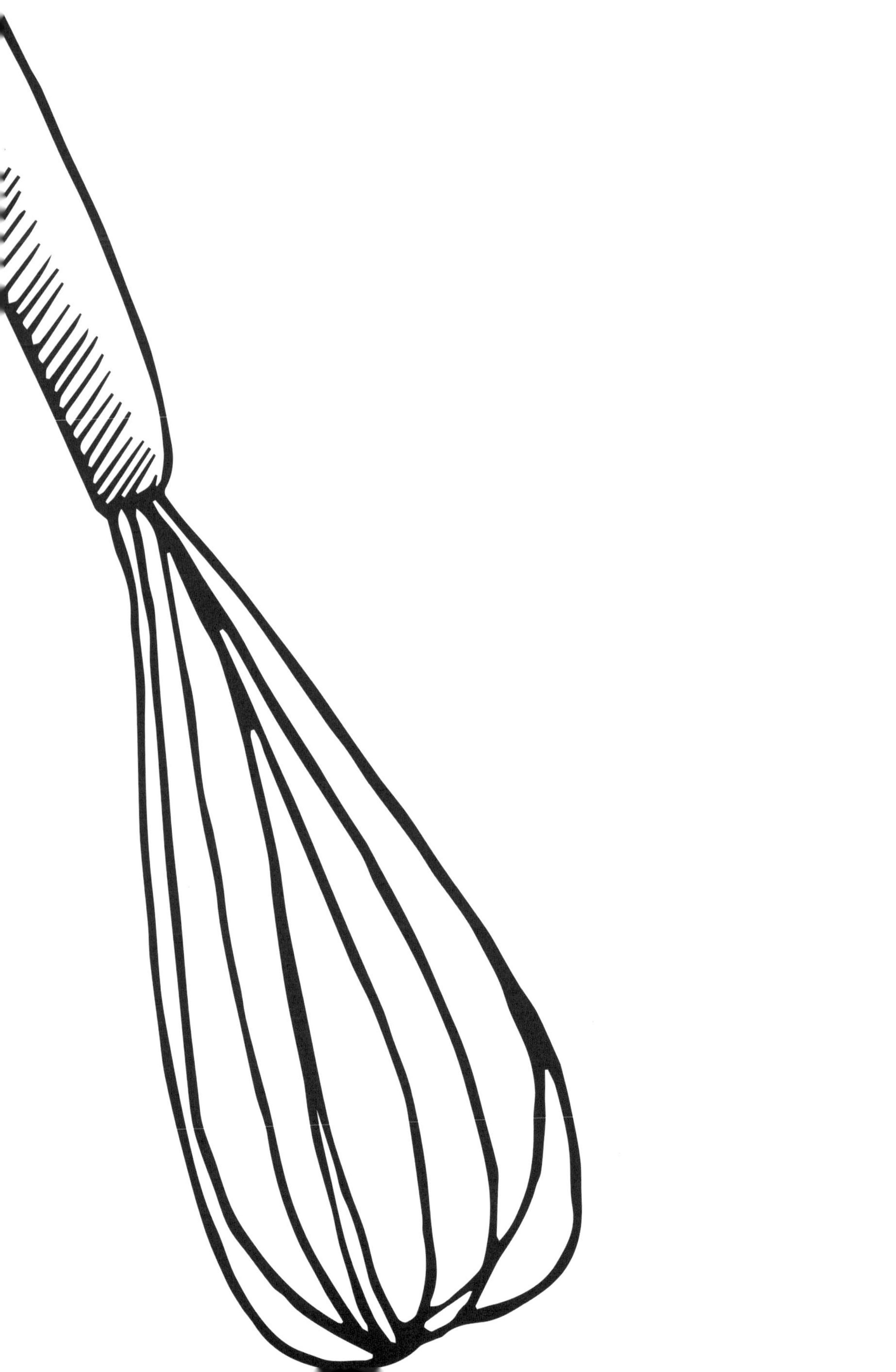

GORM WISWEH

SAUCEN

Fotos von David Bering / Montgomery

at VERLAG

Vielen Dank an Fiskars
fürs Ausleihen von Töpfen und Pfannen.

INHALT

VORWORT

Es ist schon erstaunlich, wie viele weise Zitate es rund um das Thema Sauce gibt. »Die Sauce ist für die Kochkunst, was die Grammatik für die Sprache ist«, lautet zum Beispiel ein niederländisches Sprichwort. Honoré de Balzac fand: »Die Sauce ist der Triumph des Geschmacks in der Kochkunst.«

Beides kann ich nur unterstreichen. Ich als Däne möchte aber noch Folgendes hinzufügen: »Die Sauce ist der Klebstoff, der uns Dänen zusammenhält.« Mir ist noch nie eine Dänin oder ein Däne begegnet, der Sauce nicht mochte oder nicht irgendjemanden kannte, der die »beste Sauce der Welt« zubereitete. Oft ist es die braune Sauce der Oma, die Rotweinsauce des Vaters oder die Sauce hollandaise des Bruders. Jede Familie hat ihre eigene glorreiche Saucengeschichte, und man ist regelrecht stolz darauf, bei einem Gericht für die Sauce zuständig sein zu dürfen.

Als ich klein war, bereitete meine Mutter in ihrer Restaurantküche eine hervorragende Sauce béarnaise zu – allerdings mit einem »neumodischen« Gerät, einem Standmixer. Das war damals total verpönt. Echte Köche machten so etwas nicht! Mir war das völlig egal, und ich habe seither auch nichts mehr auf derlei Kommentare gegeben. Danke, liebe Mama! Deine Sauce schmeckte so gut, dass ich die Englein singen hörte. Sie flüsterten mir auch zu, dass meine Mutter die beste, coolste und stärkste Frau der Welt sei. Tragischerweise war mein Vater, der Familienkoch, nämlich früh gestorben, und sie stand mit uns drei Kindern ganz alleine da. Wem würde man unter solchen Umständen nicht raten, in der Küche so viel vernunftgeprägte Schummelei wie möglich walten zu lassen? »Fake it, till you taste it!« – lieber ein bisschen bei der selbst gemachten Sauce mogeln, als immer zur Tütenversion zu greifen.

Übrigens habe ich von meiner Schwiegerfamilie aus dem dänischen Jütland gelernt, dass es immer genug Soße, aber nie genug Sauce gibt. Laut ihrer Definition ist Soße eine Sauce mit Sahne. Ob Soße oder Sauce ist mir ehrlich gesagt schnuppe, Hauptsache sie schmeckt so gut, dass die Geschmacksknospen tanzen und sich am Tisch ein glückseliges Schmatzen ausbreitet. Immerhin achte ich seitdem darauf, dass es stets genug Sauce UND Soße gibt.

Dieses Buch begann als eine beiläufige Idee und mauserte sich irgendwann zu einem Entwurf. »Nur 20 Saucen«, nahm ich mir vor. Doch was soll ich sagen? Es war einfach unmöglich, sich auf 20 Saucen zu beschränken, es gibt einfach zu viele gute. Am Ende sind es 58 geworden, aber sicher fehlen noch einige, die du oder andere gerne ergänzen würden. Falls du zu jenen gehörst, würde ich mich sehr freuen, von dir zu hören. Schreib mir, denn wer weiß, vielleicht finde ich durch dich meine neue Lieblingssauce!

Was du gerade in Händen hältst, ist das Endergebnis, ein echtes Nerd-Kochbuch, geschrieben von einem Koch-Autodidakten und mit einem einzigen kulinarischen Thema, das wir alle gerne beherrschen würden: Sauce!

Gewidmet habe ich das Buch natürlich meiner Mutter Kit, der tollsten Frau der Welt. Ich widme es aber auch den vielen Köchinnen und Köchen, die sich die Zeit genommen haben, um mir all das beizubringen, was ich heute weiß. Ein besonderer Dank gilt auch denjenigen, die mich darauf aufmerksam gemacht haben, welche Soße oder Sauce in diesem Buch auf keinen Fall fehlen darf. Danke für eure Hilfe, liebe Jungs und Mädels – united we cook!

Auf ein wildes Saucengelage

Gorm Wisweh

VOR DER SAUCE

In Alpe d'Huez hatte ich einen der größten Aha-Momente meines Lebens als Koch – vielleicht sogar meines ganzen Lebens. Als waschechter Ski-Bum (wer das Wort nicht kennt, bitte googeln!) hatte ich bei Vorstellungsgesprächen hinsichtlich meiner Kochkünste das Blaue vom Himmel versprochen, um einen Job zu ergattern und mir damit ein Zimmer und den Skipass zu finanzieren. Es klappte, und plötzlich fand ich mich in der Küche des legendären Hotel l'Éclose wieder und sollte Fonds kochen – was ich immerhin schon einmal als Kind im Restaurant meiner Eltern auf Bornholm gesehen hatte. Ich konnte im Grunde gar nichts, war aber über die Maßen motiviert und stürzte mich Hals über Kopf ins Abenteuer. Schon bald röstete ich Knochen, hackte Kräuter und schäumte ab, als ginge es um mein Leben. Im Grunde war es ja auch so – zumindest um mein Leben als Ski-Bum.

Dann eines Morgens geschah es. Als ich meinen Dienst antrat, flog mir ein riesiger Suppentopf entgegen, begleitet von einer regelrechten Schimpftirade: Was mir denn einfiele, einfach zu gehen, ohne den Gasherd auszuschalten? Zwei Tage akribischer Arbeit waren am Boden des Topfes zu Asche verkohlt. Zunächst wurde ich wütend und fand die Reaktion vollkommen übertrieben. Es war doch nur ein Fond. Aber die nächsten Tage ohne Fond kochen zu müssen, war eine echte Herausforderung. Vor allem, weil französische Küche serviert wurde. Das Essen schmeckte einfach nach nichts.

Der fliegende Suppentopf hat mich ein für alle Mal gelehrt, dass der Fond in der Saucenküche der Grundstein ist, das Element Nr. 1. Mit der Zeit habe ich aber auch gelernt, dass es lange und kurze Wege zu einem guten Fond gibt. Wahrscheinlich gibt es so viele Methoden und Rezepte, wie es Köche gibt. Und ja, manche Fonds sind zeitaufwendig und schwierig. Andere wiederum schnell und einfach. Doch ausgestattet mit einem guten Fond, kann beim Kochen fast nichts mehr schiefgehen.

Das Problem für Hobbyköche ist, dass man eigentlich keine andere Wahl hat, als die Fonds selbst zu machen. Die Fonds aus dem Supermarkt sind wirklich das Letzte, vollkommen versalzen und im Grunde unbrauchbar. Seltsamerweise stellen aber viele Supermarktmarken ganz akzeptable Produkte für Profis her. Wenn du also die Möglichkeit hast, in der Profiabteilung auf Beutezug zu gehen, greif zu. Mitunter bietet auch der Metzger des Vertrauens gute Fonds an – oder du machst einen Deal mit dem Chefkoch respektive der Chefköchin deines Lieblingsrestaurants. Manche sind offen dafür.

Aber: Es ist gar nicht so schwer, einen guten Fond selbst herzustellen, und wenn du ihn mit Liebe und Sorgfalt zubereitest, zahlt sich die Mühe tausendfach aus. Probier es einfach aus!

SAUCENTYPEN

Die Saucenherstellung ist eine Wissenschaft für sich. Das heißt aber noch lange nicht, dass alle Rezeptzutaten in Stein gemeißelt sind. Wenn dir eine bestimmte Zutat fehlt, du für ein Rezept beispielsweise nicht die angegebene Chilisorte findest, dann ersetze sie einfach durch eine andere und schau, was passiert. Das gilt für alle Typen von Saucen, die wir im Folgenden etwas genauer unter die Lupe nehmen.

MEHLSCHWITZE

Eine Mehlschwitze, auch Einbrenne oder Roux genannt, ist eine Mischung aus Fett (meist Butter, aber auch Gänse- oder Schweineschmalz) und Mehl und bildet die Grundlage vieler Saucen. Durch Zugabe von Milch und Gewürzen erhält man zum Beispiel eine Béchamelsauce.

Ein kleiner Trick verhindert dabei die Klumpenbildung: Vor der Zugabe der Milch wird kochendes Wasser (am besten das Kochwasser von Kartoffeln!) untergerührt. Das bewirkt, dass sich das Mehl gut auflöst und eine glatte, glänzende Sauce entsteht.

VELOUTÉ

Bei einer Velouté wird keine Milch oder Sahne, sondern Fond unter die Mehlschwitze gerührt. So entsteht eine wunderbar cremige Sauce, die nach dem verwendeten Fond schmeckt.

WARM AUFGESCHLAGENE SAUCE

Saucen, die auf Butter und Eiern basieren, wie die Sauce hollandaise, nennt man warm aufgeschlagene Saucen.

GLACE

Eine Glace ist meist ein sirup- oder sogar marmeladenartig eingekochter Fond mit extrem konzentriertem Geschmack. Manchmal bindet man sie mit Butterstückchen, was man Montieren nennt. Weil sie so geschmacksintensiv ist, wird eine Glace stets sparsam dosiert.

KALT GERÜHRTE SAUCEN UND DRESSINGS

Neben heißen Saucen gibt es natürlich noch jede Menge kalt gerührte Saucen, zu denen ich auch Tapenade, Dressing und Pesto zähle. Letzteres eignet sich großartig als Dip und hat es deshalb mehr als verdient, in dieses Buch aufgenommen zu werden.

DIE FÜNF GRUNDSAUCEN

In einem Buch über Saucen dürfen die folgenden fünf Grundsaucen selbstverständlich nicht fehlen, denn sie sind der beste Ausgangspunkt, um Saucenkönigin oder Saucenkönig zu werden. Ich habe sie im Laufe meiner Saucengeschichte nach und nach gelernt und finde, auch du solltest alle fünf ausprobieren:

HOLLANDAISE
BÉCHAMEL
ESPAGNOLE
TOMATE
VELOUTÉ

KLEINES SAUCENGLOSSAR

Für die Zubereitung meiner Rezepte sind keine speziellen Kenntnisse oder Gerätschaften nötig, du kannst dich also direkt ins Saucenabenteuer stürzen. Allerdings wirst du unterwegs vielleicht auf die ein oder andere Zutat oder Vokabel stoßen, die dir neu ist. Damit du dir beim Gespräch mit dem Koch in deinem Lieblingsrestaurant oder mit der Saucenspezialistin in deinem Freundeskreis keine Blöße gibst, habe ich hier ein kleines Glossar mit den wichtigsten Grundbegriffen rund um das Thema Sauce zusammengestellt. Die Reihenfolge ist übrigens ebenso chaotisch und ungeordnet wie das Durcheinander, das häufig in meinem Kopf herrscht.

DÄNISCHER GASTRIK

Wenn die Sauce zu fad ist, greifen dänische Hobbyköche gerne zu einem kleinen Wundermittel, dem Würzsirup Gastrik. Er lässt sich leicht selbst herstellen und hält sich, in ein Glas abgefüllt, sehr lange im Kühlschrank.

Für einen Gastrik wird zunächst Zucker karamellisiert, dann Obstessig zugefügt und diese Mischung zu einem dünnen Sirup eingeköchelt. Man kann den Essig auch durch Rotwein ersetzen und erhält dann ebenfalls einen köstlichen Gastrik. Genutzt wird der Würzsirup, um in einer Sauce das gewünschte Gleichgewicht zwischen säuerlichen und süßen Anteilen zu erreichen. Perfekt für jede Sauce, die noch nicht ganz rund ist.

LEGIEREN

Der Begriff »legieren« stammt aus dem Französischen und bedeutet nichts anderes als binden oder andicken. Zum Binden einer Sauce kann man Eigelb, Sahne, Crème fraîche, Öl, Butter, Mehl oder Speisestärke verwenden. Wichtig beim Andicken ist, die richtige Konsistenz der Sauce zu erreichen.

MASKIEREN

Maskieren kann man hier wortwörtlich verstehen. Wenn ein Teil eines Gerichts nicht so ansprechend aussieht, wie man es sich wünscht, kann man ihn unter einer dicken Schicht Sauce verbergen. Im Restaurant maskiert man kleine Fehler, wie eine Bratenkruste, die nicht ganz so knusprig geworden ist, gerne mit einer Sauce.

UMAMI

In einem Gericht hat die Sauce oft die wichtige Aufgabe, den gewünschten Umami-Geschmack zu verleihen. Umami ist neben salzig, sauer, süß und bitter die fünfte Grundgeschmacksrichtung, die wir auf unserer Zunge wahrnehmen können, und wird oft als »herzhaft« beschrieben. Ich selbst bezeichne Umami gerne als eine Art Dolmetscher, der alle anderen Geschmacksrichtungen miteinander kommunizieren lässt.

ABSCHÄUMEN
Bei der Zubereitung von Fonds ist es vor allem zu Beginn sehr wichtig, Unreinheiten und Eiweißstoffe, die sich beim Kochen als Schaum an der Oberfläche absetzen, mit einem Schaumlöffel abzuschöpfen. Hierzu hält man den Schaumlöffel oder auch eine Schöpfkelle etwa einen Millimeter unter die Oberfläche des Fonds und schöpft den Schaum und auch einen Teil des Fetts ab. Andernfalls kann der Schaum zu einem bitteren Geschmack und einer Trübung des Fonds führen. Das Abschäumen ist also sowohl für den Geschmack als auch die Optik wichtig.

JUS
Eine Jus (französisch für Saft/Brühe) ist ein konzentrierter Bratensaft oder Fond, den man zum Beispiel zum Verfeinern von Bratensaucen verwendet. Manchmal wird auch der reine, beim Garen austretende Bratensaft als Jus bezeichnet.

MONTIEREN
Montieren ist eine Methode, um Saucen oder Suppen leicht zu binden und gleichzeitig cremiger und buttriger zu machen. Dazu werden eiskalte Butterstückchen mit einem Schneebesen unter die Sauce gerührt, die zu diesem Zeitpunkt und danach nicht mehr kochen darf. Es ist auch möglich, zum Montieren Rindermark oder andere feste Fette zu verwenden.

REDUZIEREN
Reduzieren bedeutet nichts anderes, als eine Flüssigkeit so lange zu kochen, bis sie zu einem großen Teil verdampft ist. Dabei konzentriert sich der Geschmack.

EMULSION
Eine Emulsion entsteht, wenn zwei Flüssigkeiten/Zutaten miteinander vermischt werden, die normalerweise nicht mischbar sind, wie Butter und Ei oder Essig und Öl.

SCHAUMIG SCHLAGEN
Von »schaumig schlagen« spricht man meist, wenn Eier mit einem Schneebesen oder Rührgerät so lange gerührt werden, bis eine schaumige, cremige und helle Masse entstanden ist. Durch das Aufschlagen werden die Proteinketten miteinander verbunden, und die Masse wird aufnahmefähiger für weitere Zutaten.

SOJASAUCE
Sojasauce eignet sich nicht nur für asiatische Gerichte. Man kann sie auch zum Salzen einer dunklen Sauce verwenden und ihr so gleichzeitig einen schönen Umami-Geschmack verleihen.

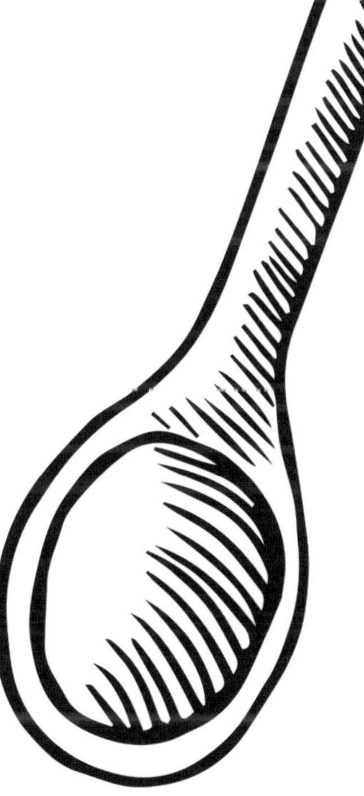

FISCHFOND

Früher habe ich Fischfond immer aus rohen Gräten hergestellt. Helle, elegante Fonds waren das – ideal für Suppen, Veloutés und andere milde Speisen. Bis ich eines Tages sah, wie ein Koch seine Fischgräten zunächst im Ofen röstete, bevor er sie zu Fond verarbeitete. Der Geschmack haute mich um, und wieder einmal ärgerte ich mich, niemals eine Kochausbildung gemacht zu haben. Ich hätte dann nämlich deutlich früher gewusst, wie sich aus den Aromen des Meeres noch mehr herauskitzeln lässt und dass man Fischfonds und andere Fonds immer auf zwei Arten zubereiten kann – mit rohen oder gerösteten Gräten/Knochen.

Übrigens: Wer gerade keinen Lauch oder Sellerie zur Hand hat, sollte sich nicht davon abhalten lassen, diesen Fond zu kochen. Selbst wenn eine Mini-Zutat fehlt, wird es ein herrliches Tröpfchen. ➤

FISCHFOND

(Fortsetzung)

ZUTATEN

Ergibt 500 ml Fond

1 kg Fischgräten (von Kabeljau, weißfleischigen Fischen und Plattfischen; vorzugsweise keine fetten Fische mit dunklem Fleisch, wie Lachs, Makrele und Hering)
30 schwarze Pfefferkörner
3 Lorbeerblätter
1 Karotte
2 Bananenschalotten (heller Fond: geschält; dunkler Fond: ungeschält)
3 Knoblauchzehen
250 g helles Wurzelgemüse (Knollensellerie, Pastinake oder Petersilienwurzel)
1 Selleriestange
1 Sträußchen Thymian
1 Stange Lauch
1 Handvoll Petersilienstiele

1. Die Gräten waschen und von Unreinheiten befreien.
2. Pfefferkörner und Lorbeerblätter in einen geräumigen Topf geben und die Gräten darauflegen. Auf diese Weise verbleibt der Großteil der Pfefferkörner am Topfboden und wird beim späteren Abschäumen nicht mit herausgefischt.
3. Die verbliebenen Zutaten grob zerteilen und ebenfalls in den Topf geben.
4. Mit kaltem Wasser bedecken (bitte immer ohne den Deckel aufsetzen, wir wollen den Geschmack intensivieren) und über einen Zeitraum von 30 Minuten langsam zum Kochen bringen.
5. 10 Minuten köcheln lassen, dann vom Herd nehmen.
6. Den Fond 1 Stunde ziehen lassen.
7. Den Fond nochmals aufkochen und 10 Minuten köcheln.
8. Alles durch ein sehr feinmaschiges Sieb oder ein Geschirrtuch abseihen.
9. Diese Basis nach Belieben weiter einreduzieren, bis der gewünschte Geschmack erreicht ist.

Und wieder einmal hat der Fisch bei der Zubereitungszeit die Nase vorn.

KALBS- ODER RINDERFOND

Der folgende Fond ist ideal für eine Saucenbasis mit Tiefe und Intensität. Die Zubereitung kostet zwar etwas Zeit und Mühe, doch der Aufstieg in den Fond-Olymp ist dir damit sicher. Wer Königin oder König der Glace werden will, muss sich nun einmal erst zur Kalbsfond-Prinzessin oder zum Kalbsfond-Prinzen hocharbeiten.

Die Faustregel lautet: rohe Knochen für hellen Fond, geröstete Knochen für dunklen Fond. Ich bereite immer nur dunklen Kalbsfond zu, weil ich die helle Version so gut wie nie benötige. ➤

KALBS- ODER RINDERFOND

(Fortsetzung)

ZUTATEN

Ergibt 1–2 l Fond

2 kg Kalbsknochen

ca. 400 g helles Wurzelgemüse (Knollensellerie, Pastinake, Petersilienwurzel)

3 Karotten

12 schwarze Pfefferkörner

3 Bananenschalotten

30 Knoblauchzehen

1 Lauchstange (weißer und grüner Teil getrennt)

2 Lorbeerblätter

1 große Handvoll Petersilienstiele (falls vorhanden)

1 Sträußchen frischer Thymian

1. Die Knochen im Ofen bei 225–250 °C für 15–20 Minuten rösten, bis sie goldbraun geworden sind und stark duften.
2. Für einen Fond mit definierter Süße kann man Wurzelgemüse, Schalotten und Knoblauch zusammen mit den Knochen rösten.
3. Die Knochen (und nur diese!) in einem großen Topf mit kaltem Wasser bedecken.
4. Über einen Zeitraum von fast 1 Stunde langsam zum Kochen bringen und aufsteigende Unreinheiten abschäumen.
5. Sobald das Wasser köchelt, braucht man die nächsten 3–4 Stunden nur noch ab und zu abzuschäumen.
6. Wurzelgemüse sowie den weißen Teil des Lauchs grob zerkleinern, zusammen mit Pfefferkörnern, Schalotten, Knoblauch und den Lorbeerblättern zufügen.
7. Bei Bedarf mehr Wasser zufügen, bis der Topf wieder gut gefüllt ist.
8. Aufkochen, regelmäßig abschäumen und weitere 3–4 Stunden köcheln.
9. Den Fond 5–8 Stunden abkühlen lassen, gerne über Nacht.
10. Petersilienstiele, Thymian und Lauchgrün in den Topf geben.
11. Den Fond aufkochen, abschäumen und 1–2 Stunden köcheln lassen.

12. Den Fond zunächst durch ein feinmaschiges Sieb und anschließend durch ein Geschirrtuch oder ein Seihtuch abseihen.
13. Den Fond weiter einreduzieren, bis er die gewünschte Konzentration erreicht hat. Ich koche den Fond bis auf eine Menge von 1–2 Liter ein.
14. Im Gefrierschrank hält sich der Fond 6 Monate, vielleicht länger. Bei diesem Fond handelt es sich zwar um einen wertvollen Tropfen, er ist aber nicht nur für besondere Anlässe geeignet, sondern tut vielen Gerichten gut. Wenn du das nächste Mal zum Beispiel eine Bolognesesauce zubereitest, profitiert sie von einem großzügigen Schuss dieses Fonds. Ein Traum!

HUMMER-ODER KRUSTEN-TIERFOND

Dieses Rezept basiert auf Hummerkarkassen, funktioniert aber auch mit den Schalen anderer Krusten- und Krebstiere wie Taschenkrebse, Kaisergranate oder Garnelen. Ja, die Schalen von Garnelen lassen sich wunderbar verwerten und stecken voller Geschmack. Viel zu schade für die Mülltonne und perfekt für Fonds und Suppen! Wenn wir mittags Hummer essen, kommt abends garantiert eine Hummersuppe oder ein Hummerrisotto auf den Tisch. Bei uns wird nichts verschwendet!

Dieser Fond ist wohl der Einzige in diesem Buch, bei dem es keine helle Variante gibt. Um den Schalen ihren Geschmack zu entlocken, müssen diese nämlich zunächst kräftig geröstet werden. Mehr Süße und Fülle kann man dem Fond verleihen, wenn man die Schalen zusammen mit Wurzelgemüse und Zwiebeln röstet. Und flambiert wird auch noch – was für ein Spaß! ➤

HUMMER- ODER KRUSTENTIERFOND

(Fortsetzung)

ZUTATEN

Ergibt 500 ml Fond

500 g–1 kg Hummerköpfe und -schalen
neutrales Öl
2 EL Tomatenmark
200 ml Weinbrand (Cognac ist der Klassiker; Rum und Bourbon sind auch nicht schlecht; Pastis ist gewagt, hat aber was)
200 ml Weißwein
4 Knoblauchzehen
1 Karotte
2 Bananenschalotten
100 g helles Wurzelgemüse
30 schwarze Pfefferkörner
1 Lorbeerblatt
1 Selleriestange (optional)
1 Sträußchen frische Petersilie (es können auch nur die Stiele sein; Dill- und Kerbelstiele sind auch geeignet)
1 Sträußchen frischer Thymian

1. Den Backofen auf 250 °C vorheizen. Hummerköpfe, -schalen und etwas Öl auf ein Backblech oder in einen flachen Bräter geben und gut wenden.
2. 15 Minuten im Ofen rösten, bis die Schalen leicht gebräunt sind und einen goldenen Schimmer erhalten haben.
3. Etwas Öl in einem breiten Topf erhitzen und das Tomatenmark darin gut anbräunen.
4. Den gewählten Alkohol bereitstellen.
5. Die Schalen aus dem Ofen nehmen und in den Topf geben. Den Alkohol zufügen und entzünden. Augenbrauen, Partner und Partnerinnen sowie Kinder und Haustiere in Sicherheit bringen. Nie unter der Dunstabzugshaube anzünden!
6. Während des Flambierens am Topf rütteln. Sobald die Flammen erlöschen, den Weißwein zugießen und um die Hälfte einreduzieren.
7. Die restlichen Zutaten grob zerkleinert zufügen und alles mit kaltem Wasser bedecken.
8. Über einen Zeitraum von 30 Minuten langsam zum Kochen bringen, dann 1–2 Stunden köcheln lassen.
9. Mindestens 1 Stunde, möglichst aber 3 Stunden ziehen lassen.
10. Den Fond durch ein mit einem Geschirrtuch ausgelegtes Sieb abgießen.
11. Den Fond weiter auf etwa 0,5 l einkochen.

GEMÜSE-FOND

Auch ganz ohne tierische Zutaten lässt sich ein wunderbarer Fond herstellen – und Pilze spielen dabei eine Schlüsselrolle. Allerdings lässt sich ein Gemüsefond nicht zu einer Glace einreduzieren oder so stark einkochen, dass der Fond geliert, wie es bei den kollagenhaltigen Fonds auf Tierbasis möglich ist. Dafür sind Gemüsefonds schnell zubereitet, wie auch meine Variante beweist.

Wenn du das Gemüse zuvor im Ofen röstest, erhältst du einen kräftigeren und auch süßeren Fond. Ohne diese Prozedur kannst du dich auf einen milden, eleganten Fond freuen. ➤

GEMÜSEFOND

(Fortsetzung)

ZUTATEN

Ergibt 1 l Fond

2 Bananenschalotten
3 Knoblauchzehen
1 große Karotte
¼ Knollensellerie
200 g feste Pilze (Champignons, Kräuterseitlinge, Portobello-Pilze usw.)
etwas Olivenöl
1 Lorbeerblatt
8 schwarze Pfefferkörner
1 Sträußchen frischer Thymian, zusammengebunden mit Bratenschnur
1 Sträußchen Petersilie
ca. 2 l Wasser

1. Den Backofen auf 250 °C vorheizen. Das Gemüse waschen, klein schneiden und auf einem Backblech verteilen. Mit etwas Olivenöl beträufeln und gut im Öl wenden. Im Ofen rösten, bis das Gemüse hellgolden geworden ist. Je dunkler das Gemüse beim Rösten wird, desto mehr Tiefe und Süße erhält der Fond, desto dunkler wird aber auch seine Farbe. Angeschwärzte Bereiche sollte man aber auf jeden Fall vermeiden.

2. Das geröstete Gemüse und alle weiteren Zutaten in einen großen Topf füllen und mit Wasser bedecken.

3. Über einen Zeitraum von 15 Minuten langsam aufkochen.

4. 45 Minuten weiterkochen.

5. Den Fond durch ein feinmaschiges Sieb oder ein mit einem Geschirrtuch ausgelegtes Sieb abgießen.

6. So lange einreduzieren, bis der gewünschte Geschmack und die gewünschte Menge erreicht sind.

GEFLÜGEL-FOND

Wenn ich mich beim Kochen für einen einzigen Fond entscheiden müsste, wäre es der Geflügelfond. Er ist der Fond, den ich mit Abstand am häufigsten zubereite und verwende. Wenn wir am Wochenende in der Familie ein Hähnchen gegessen haben, zerteile ich die Karkasse, schnappe mir alles, was ich noch Passendes im Kühlschrank finde, und koche daraus die Basis für meine nächste Suppe oder das nächste Risotto, Pho, Thai-Curry oder Eintopfgericht. Resteverwertung plus Genuss – Win-win in jeder Beziehung. Nicht ohne Grund steht am Anfang vieler Jamie-Oliver-Rezepte ein Liter Geflügelfond.

Wie beim Gemüsefond kann man eine helle, elegante Version mit rohen Zutaten herstellen oder Knochen und Gemüse zunächst bei 200 °C im Ofen rösten und daraus eine kräftigere, süßere Variante kochen. ➤

GEFLÜGELFOND

(Fortsetzung)

ZUTATEN

Ergibt ca. 500 ml hochwertigen, kräftigen Fond

1 Geflügelkarkasse, Flügelspitzen und andere Reste von 1 Huhn
2 Zwiebeln
2 Karotten
ca. 300 g helles Wurzelgemüse (Knollensellerie, Pastinake oder Petersilienwurzel)
4 Lorbeerblätter
10 schwarze Pfefferkörner

1. Soll es ein heller oder dunkler Fond sein (hell = rohe Knochen, dunkel = geröstete Knochen)? Für eine dunkle Variante die Knochen zunächst im Ofen bei 225–250 °C für 15–20 Minuten goldbraun rösten. Dann mit Schritt 2 fortfahren.
2. Die Knochen in einen großen, schweren Topf geben. Ausreichend kaltes Wasser aufgießen, bis sie 3 cm hoch mit Wasser bedeckt sind.
3. Aufkochen und ab und zu abschäumen.
4. 30 Minuten leicht köcheln, dann grob zerkleinertes Gemüse und Gewürze zufügen.
5. Weiterköcheln und zwischendurch abschäumen.
6. Sobald sich reines Fett an der Oberfläche absetzt, dieses abschöpfen und als Brotaufstrich oder Bratfett für Fisch verwenden.
7. Den Fond nun 5–7 Stunden leise köcheln. Bei Bedarf zwischendurch mit etwas kaltem Wasser auffüllen.
8. Vom Herd nehmen und 1–2 Stunden ruhen lassen, dann abseihen.
9. Den Fond entweder weiter einreduzieren oder zu einer Jus oder Glace weiterverarbeiten. Später mehr dazu.

Bei Zeitmangel kann man die Kochzeit auch auf 3–4 Stunden reduzieren.

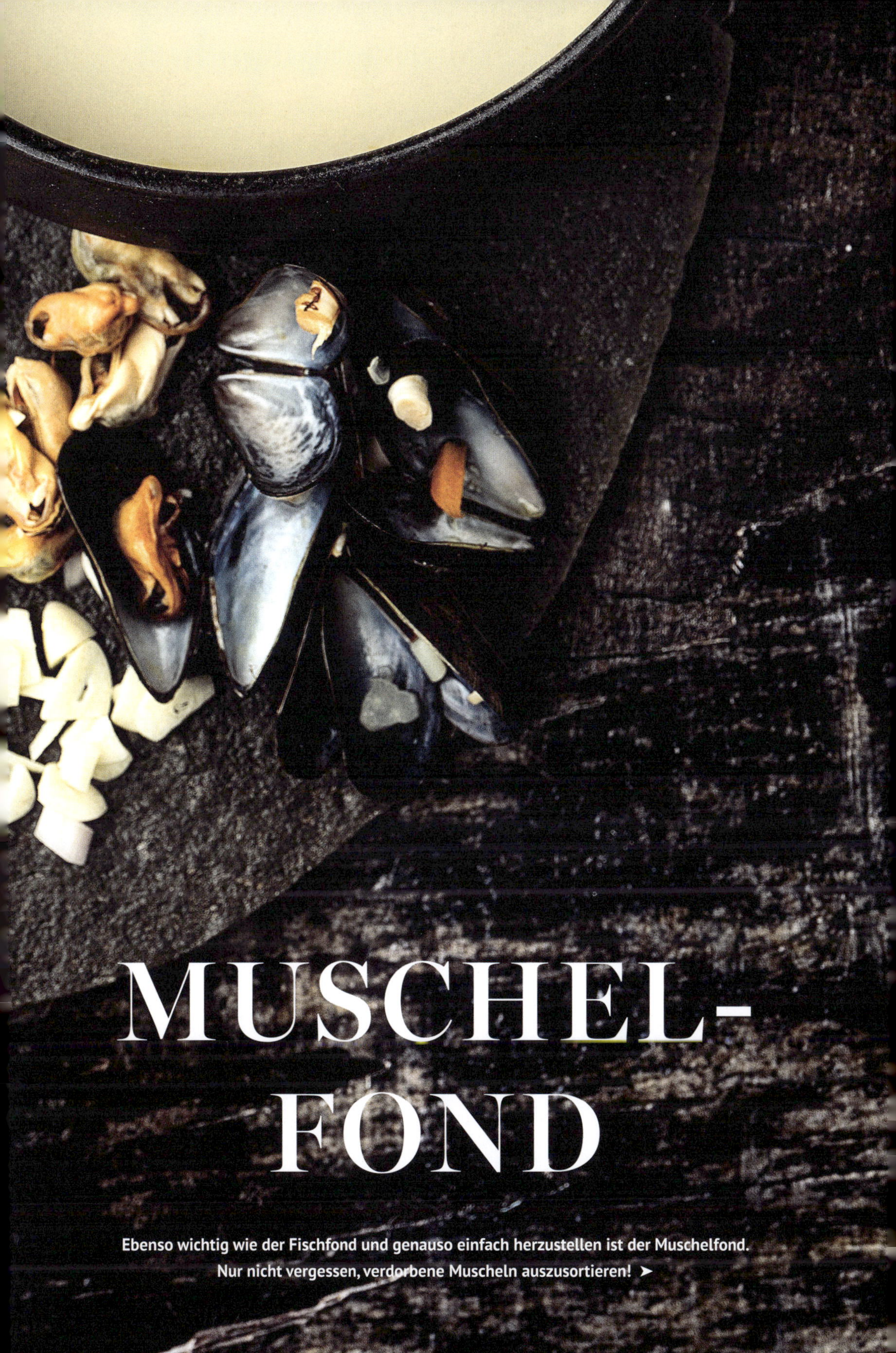

MUSCHEL-FOND

Ebenso wichtig wie der Fischfond und genauso einfach herzustellen ist der Muschelfond. Nur nicht vergessen, verdorbene Muscheln auszusortieren! ➤

MUSCHELFOND

(Fortsetzung)

ZUTATEN

Ergibt ca. 500 ml Fond

1 Netz frische Miesmuscheln
1 Karotte
1 Selleriestange und/oder helles Wurzelgemüse (Knollensellerie, Pastinake oder Petersilienwurzel)
2–3 Knoblauchzehen
1 Lauchstange oder ein paar Schalotten
1 Schuss neutrales Öl
1 Lorbeerblatt
1 kleines Sträußchen Thymian (wer hat, kann noch die Stiele von Kräutern, wie Petersilie, Dill und Kerbel, zufügen – lieber in den Fond als in den Müll)
⅓ Flasche Weißwein, halbtrocken oder trocken

1. Die Muscheln mehrmals in einer Schüssel mit kaltem Wasser waschen und dabei gründlich abbürsten. Das Wasser immer wieder wechseln, um Sand und andere Unreinheiten zu entfernen.
2. Muscheln, die sich nicht geschlossen haben und sich auch nicht schließen, wenn man sie leicht auf die Arbeitsfläche klopft, aussortieren. Auch Exemplare mit gebrochener Schale entsorgen.
3. Eventuell anhaftende Algen, Seepocken oder Tang mit einem stumpfen Messer abschaben.
4. Bei der Zubereitung von Muscheln ist generell zu beachten: Vor dem Garen müssen alle Muscheln geschlossen sein, nach dem Kochen müssen alle Muscheln geöffnet sein. Noch geschlossene Exemplare nach dem Kochen entsorgen – so vermeidet man einen verdorbenen Magen.

NUN ZUM FOND:

1. Das Gemüse in Würfel mit 1 cm Seitenlänge schneiden.
2. Das Öl in einem großen Topf auf kleiner Stufe erhitzen und Gemüse, Lorbeerblatt und Kräuter darin erhitzen. Sie dürfen keine Farbe annehmen, sondern sollten nur weich werden und Geschmack entfalten.
3. Muscheln und Weißwein zufügen. Den Deckel schließen und den Herd auf hohe Stufe stellen.
4. Die Muscheln 1–2 Minuten dämpfen und anschließend einmal am Topf rütteln. Dann weitere 2 Minuten dämpfen.
5. Jetzt sind die Muscheln fertig und können direkt serviert oder ausgelöst und in einen Salat gegeben werden.
6. Den Kochsud durch ein mit einem sauberen Geschirrtuch (zuvor gründlich mit kaltem Wasser ausspülen) ausgelegtes Sieb in einen separaten Topf gießen.
7. Den Fond einkochen, bis der gewünschte Geschmack erreicht ist.

MIREPOIX

Hier kommt ein echter Fond-Booster! Mirepoix stammt aus der französischen Küche und ist fein gewürfeltes, sanft in Fett gebratenes Gemüse, das Schmorgerichten, Suppen und Saucen mehr Geschmack verleiht. Ich habe Mirepoix in mein Buch aufgenommen, weil ich Saucen mit etwas Einlage liebe, die nicht nur Beiwerk, sondern fast eine Beilage sind. Mit Mirepoix verfeinerte Saucen werden schnell zum Hauptdarsteller auf dem Teller. Klare Brühen verwandelt Mirepoix in elegante Suppen.

ZUTATEN

Für 1 Portion oder
1 Sauce für 4 Personen

50 g hochwertiger geräucherter Bauchspeck
1 Karotte
1 Bananenschalotte
1 Knoblauchzehe
1 Selleriestange
ca. 50 g Knollensellerie oder anderes helles Wurzelgemüse
etwas Butter oder Olivenöl zum Braten

1. Alle Zutaten klein würfeln.
2. Etwas Butter oder Öl in einem Topf auf kleiner Stufe erhitzen und den Speck darin zerlassen. Er sollte keine Farbe annehmen.
3. Das Gemüse zufügen und 10–15 Minuten auf kleiner Stufe garen.
4. Abkühlen lassen und für Saucen, Suppen, Eintöpfe oder Schmorgerichte verwenden.

MEHLSCHWITZE

Die Mehlschwitze, auch Einbrenne oder Roux genannt, gibt es in einer hellen und einer dunklen Version. Bei beiden werden Butter und Mehl unter Hitzeeinwirkung miteinander verbunden, die dunkle erfordert jedoch mehr Hitze und Zeit.

Als Faustregel gilt: 25 g Mehl ergeben 500 ml Sauce mit angenehmer Konsistenz. Das Verhältnis zwischen Butter und Mehl ist bei mir meist 2:3.

Hinweis: Anstelle von Butter kann man auch andere Fettsorten verwenden wie Entenschmalz für die Weihnachtssauce, Olivenöl fürs Gumbo usw.

ZUTATEN

Ergibt 500 ml Sauce

25 g (2 EL) Butter oder anderes Fett

35 g (3 EL) Mehl

1. Die Butter in einem Topf schmelzen.
2. Das Mehl unterrühren und auf kleinster Stufe 5 Minuten köcheln.
3. Jetzt ist die Mehlschwitze fertig und kann nach Belieben weiterverarbeitet werden.
4. Für eine dunkle Mehlschwitze die Mischung etwas länger und bei höherer Hitze köcheln.
5. Je mehr Farbe, desto mehr Geschmack. Das Ganze aber nicht verbrennen lassen, sonst entwickeln sich unerwünschte Bitterstoffe.

BRAUNE PFANNENSAUCE

Wer als Däne etwas auf sich hält, muss die braune Pfannensauce beherrschen – eine Schummelversion der braunen Sauce. Um sie mir schönzureden, behaupte ich immer, dass man damit Lebensmittelverschwendung reduziert. Denn schließlich schenkt man dem Bratensatz, der sich nach dem Brutzeln von Frikadellen oder Bratwürsten in der Pfanne gebildet hat, hier noch ein zweites Leben als Sauce. Eigentlich gibt es aber gar nichts zu rechtfertigen, weil die Sauce einfach fantastisch schmeckt.

ZUTATEN

Für 4 Personen

30 g Butter
50 g Mehl
100–200 ml Wasser
300 ml Brühe (Kalb oder Schwein); z.B. 1 Brühwürfel und 300 ml Wasser – bei dieser einfachen Pfannenversion tragen wir die Nase nicht so hoch
300 ml Vollmilch
Salz und schwarzer Pfeffer
1 EL Zuckerkulör

1. Die Butter in eine Pfanne mit Bratensatz geben, der beim Braten von Frikadellen oder Ähnlichem entstanden ist. Schmelzen lassen, das Mehl zufügen und gut unterrühren.
2. Unter kräftigem Rühren das Wasser in die Pfanne gießen.
3. Brühe und Milch eingießen.
4. Bevor neue Flüssigkeiten zugefügt werden, müssen sämtliche Klümpchen aufgerührt sein.
5. Die Sauce bis zur gewünschten Konsistenz einköcheln, mit Salz und Pfeffer abschmecken und mit etwas Zuckerkulör einfärben.

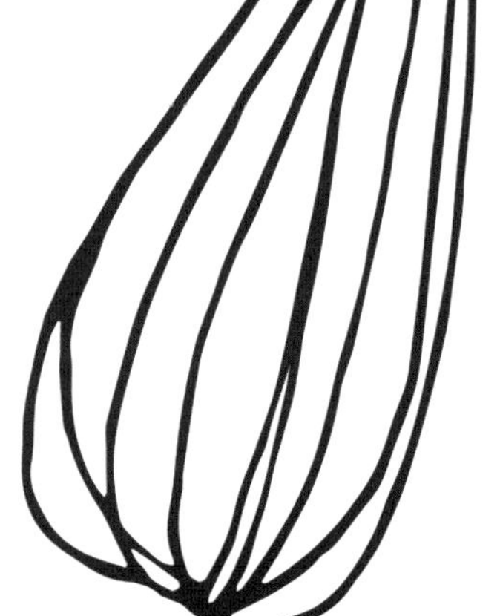

HOT WOK

ECHTE BRAUNE SAUCE – AUF MEHLBASIS

Darf ich vorstellen? Die Königin der dänischen Saucen, die echte braune Sauce mit allen Finessen – ganz wie bei Oma.

ZUTATEN

Ergibt 1 l leckere Sauce

1 Zwiebel
1 Karotte
1 kleines Sträußchen Thymian
2 Lorbeerblätter
1 Handvoll Petersilienstiele
50 g Butter
50 ml Apfel- oder Sherryessig (alternativ mind. 200 ml Rotwein)
1 EL Tomatenmark
1 l dunkler Kalbs- oder Rinderfond
25 g Weizenmehl
ca. 200 g Sahne
Salz und schwarzer Pfeffer
Johannisbeergelee oder Honig (optional)
etwas Zuckerkulör

TIPP

Um Zuckerkulör zu umgehen, mit Worchester- oder Sojasauce abschmecken.

1. Zwiebel und Karotte fein hacken und mit den Kräutern in der Hälfte der Butter goldgelb anbraten.
2. Den Essig zufügen und verkochen lassen.
3. Das Tomatenmark zugeben und kurz erhitzen.
4. Den Fond zugießen und gut umrühren.
5. 30 Minuten köcheln, bis sich die Aromen miteinander verbunden haben.
6. In einem separaten Topf eine dunkle Mehlschwitze aus dem Mehl und der restlichen Butter herstellen (s. S. 44). Sie sollte hellkaramellfarben sein.
7. Den Fond abseihen.
8. Den Fond unter ständigem Rühren mit einem Schneebesen unter die dunkle Mehlschwitze rühren.
9. 10–15 Minuten köcheln.
10. Die Sahne unterrühren und weiterköcheln, bis die Sauce bindet.
11. Mit Salz, Pfeffer und nach Belieben etwas Johannisbeergelee oder Honig würzen. Die Farbe der Sauce noch mit Zuckerkulör justieren.

ECHTE BRAUNE SAUCE – MIT SPEISESTÄRKE

Für alle, die kein Gluten vertragen, kommt hier die klassische braune Sauce mit Speisestärke anstelle von Mehl.

ZUTATEN

Ergibt 1 l leckere Sauce

1 Zwiebel
1 Karotte
1 kleines Sträußchen Thymian
2 Lorbeerblätter
1 Handvoll Petersilie
25 g Butter
50 ml Apfel- oder Sherryessig (alternativ mind. 200 ml Rotwein)
1 EL Tomatenmark
1 l dunkler Kalbs- oder Rinderfond
4 EL Wasser
2 EL Speisestärke
ca. 200 g Sahne
Salz und schwarzer Pfeffer
Johannisbeergelee oder Honig (optional)
etwas Zuckerkulör

1. Zwiebel und Karotte fein hacken und mit den Kräutern in der Hälfte der Butter goldgelb anbraten.
2. Den Essig zufügen und verkochen lassen.
3. Das Tomatenmark zugeben und kurz erhitzen.
4. Den Fond zugießen und gut umrühren.
5. 30 Minuten köcheln, bis sich die Aromen miteinander verbunden haben.
6. Die Sauce durch ein Sieb in einen separaten Topf gießen.
7. Wasser und Stärke in einer Tasse glatt rühren, in die Sauce geben.
8. Die Sahne unterrühren und weiterköcheln, bis die Sauce bindet.
9. 10–15 Minuten einköcheln lassen. Ist die Sauce noch zu dünn, etwas mehr Speisestärke mit Wasser glatt rühren, unter die Sauce rühren und aufkochen lassen.
10. Mit Salz, Pfeffer und nach Belieben etwas Johannisbeergelee oder Honig würzen.

TIPP

Um Zuckerkulör zu umgehen, mit Worchester- oder Sojasauce abschmecken.

GORMS WEIHNACHTSSAUCE MIT SAHNE

Zum Weihnachtsessen serviere ich meist zwei Saucen: eine mit Sahne und eine Entenglace. Beide schmecken mir so gut, dass ich nur schwer auf eine verzichten kann. Doch von welcher bleiben am Ende wohl Reste übrig? Genau, von der Entenglace! Sie wird am nächsten Tag im Gänse-Sandwich verarbeitet oder aufgewärmt, um Sahne ergänzt und zu den Resten serviert. Die Weihnachtssauce mit Sahne ist komplett weggeputzt, auch wenn ich ganze Saucenberge auftische. Wenn du dich zu Weihnachten also zwischen traditioneller Oma-Sauce und französischer Sauce entscheiden musst, empfehle ich dir unumwunden die Oma.

Manchmal habe ich an Heiligabend sowohl den Bratensaft des Krustenbratens als auch der Gans zur Hand, aus denen man wundervolle Saucen herstellen kann. Ich gehe teilweise sogar so weit, beide Herrlichkeiten miteinander zu vereinen. Das Ergebnis ist eine galaktische Sauce, nicht von dieser Welt. Auf jeden Fall ausprobieren!

TIPP

Für noch mehr Umami
ein kleines Stückchen Blauschimmelkäse
unter dle Sauce rlühren.
Aber wirklich nur ein kleines.

Fortsetzung auf der Folgeseite ➤

Mauviel
-1830-

GORMS WEIHNACHTSSAUCE MIT SAHNE *(Fortsetzung)*

ZUTATEN

Die Menge des entstandenen Bratensafts variiert – als Faustregel ergeben 500 ml Bratensaft 700–800 ml Sauce

100 ml Apfelessig
1 TL Tomatenmark
30 g ausgelassenes Fett von der Weihnachtsgans oder -ente
50 g Weizenmehl
200 ml heißes Kochwasser von Kartoffeln
100 ml Rotwein
500 ml oder der gesamte Bratensaft von Ente oder Gans, ohne das abgeschöpfte Fett – nach Belieben mit ein wenig Entenfond verfeinern (Vorsicht, Fond aus dem Supermarkt ist oft sehr salzig)
200–300 g Sahne
1 EL Johannisbeergelee
etwas Zuckerkulör – bitte vorsichtig dosieren

1. Den Apfelessig in einen Topf geben und fast komplett einreduzieren lassen.
2. Tomatenmark und ausgelassenes Fett zufügen und bei geringer Hitze verrühren.
3. Das Mehl gut unterrühren.
4. Danach 200 ml heißes Kartoffel-Kochwasser zufügen, damit sich das Mehl besser auflöst.
5. Den Rotwein zufügen. Er verleiht der Sauce Tiefe und eine leichte Säure als Kontrapunkt zu Fett und Sahne.
6. Den Bratensaft vom Fett befreien und zur Sauce geben. Nach Belieben ein wenig Entenfond zufügen, allerdings kann Fond aus dem Supermarkt sehr salzig sein (das kann man gar nicht oft genug betonen).
7. Die Sahne einrühren und die Sauce bei Bedarf etwas einköcheln. Eine zu dicke Sauce mit Wasser oder Milch verdünnen.
8. Nach Belieben mit Johannisbeergelee und etwas Blauschimmelkäse abschmecken.
9. Wer möchte, kann die Farbe noch mit Zuckerkulör intensivieren – bei uns gehört das an Weihnachten einfach dazu.

HINWEIS 1

Den Bratensaft vom verwendeten Geflügel stets durch ein Tuch abseihen.

HINWEIS 2

Die Basis meiner Weihnachtssauce besteht aus ausgelassenem Gänsefett und nicht aus Butter. Für mich schmeckt sie erst dann richtig nach Weihnachten.

ROTWEINGLACE

Welche Glace man auch zubereitet, die Grundtechnik ist immer die gleiche. Die Glace ist meine Methode, um einen Basisfond in die gewünschte Richtung zu lenken. Man kann sie für ein bestimmtes Gericht regelrecht maßschneidern. Der Fond ist das Fundament, die Glace das Kunstwerk, das daraus entsteht und dem man seinen eigenen Stempel aufdrücken kann.

ZUTATEN

Für 4 Personen, ca. 300–400 ml

neutrales Öl
150 g Knollensellerie, Pastinake oder Petersilienwurzel
1 Karotte
2 Bananenschalotten
2 Knoblauchzehen
100 ml Apfelessig oder Balsamico
200 ml Rotwein
500 ml Fond (für eine Glace verwende ich ausschließlich dunkle Fonds, denn nur diese schenken ihr die gewünschte Tiefe und Fülle)
1 Sträußchen Thymian
50 g Butter (wer möchte, kann die Menge sogar verdoppeln)
Salz und schwarzer Pfeffer

1. Etwas Öl in einem breiten Topf erhitzen. Je größer die Bratoberfläche, desto größer die Verdunstung und desto konzentrierter der Geschmack der Sauce.
2. Knollensellerie und Karotte grob in Stücke schneiden. Die Schalotten vierteln und den Knoblauch in Scheiben schneiden. Alles im Öl gut anbräunen lassen.
3. Den Essig zugießen und fast vollständig verkochen lassen.
4. Den Rotwein zufügen und kochend um etwas mehr als die Hälfte einreduzieren. Den Fond zugießen.
5. Eventuell aufsteigenden Schaum abschöpfen.
6. Thymian zufügen.
7. Alles bei reduzierter Hitze zu einer glatten, cremigen Glace einköcheln.
8. Die Glace durch ein Sieb in einen kleinen Topf gießen.
9. Die Glace vor dem Servieren mit Butter montieren und mit Salz und Pfeffer abschmecken.

TIPP

Zu Ente oder Wild schmecken ein paar Blaubeeren oder Brombeeren in der Glace ganz köstlich. Zu einer Geflügelglace passt frischer Estragon besonders gut.

BUTTERSAUCE

Meine Kindheit schwamm in Buttersauce. Wenn mein Vater eine Flunder zubereitete, wendete er sie zunächst in Roggenmehl, briet sie dann in Butter und servierte sie mit Kartoffeln, Zitronensaft, Buttersauce und massenweise frisch gehackter Petersilie. Wir bekamen die Flunder, die Gäste im Restaurant bekamen die feine Scholle. Ich liebe Buttersauce, vor allem wie im folgenden Rezept mit köstlicher Einlage. Meine Lieblingsvariante.

ZUTATEN
Mengen nach Geschmack

Kapern
Schalotten
Petersilie
Tomate
30 g hochwertige gesalzene Bio-Butter pro Gast

1. Kapern, Schalotten und Petersilie hacken. Die Tomaten halbieren, die Kerne herausschaben und das Fruchtfleisch fein würfeln.
2. Die Butter in einer Pfanne zerlassen, bis sie leicht zu schäumen beginnt.
3. Die restlichen Zutaten in Menge nach Wahl zufügen.
4. Abschmecken und zufrieden lächeln.

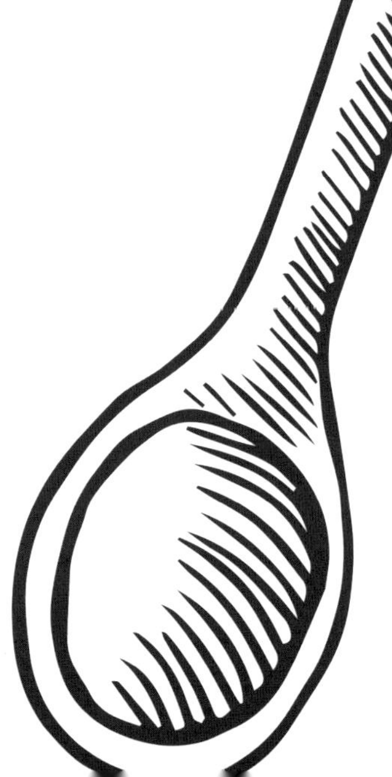

GEBRÄUNTE BUTTEREMULSION

Bei mir löst der Geruch von gebräunter Butter wohlige Schauer der Begeisterung aus, geht es dir auch so? Gebräunte Butteremulsion ist ein Geniestreich, der in Zusammenhang mit der neuen nordischen Küche das Licht der Welt erblickte. Ich weiß nicht mehr genau, wann und wo ich sie zum ersten Mal gegessen habe, diese Version stammt jedoch von mir. Sie passt zu fast allem – von weißem Fleisch über Krustentiere und Muscheln bis hin zu weißem Spargel und Garnelen.

ZUTATEN
Für 4 Personen
2 Eier
175 g Butter
Salz
1 TL Apfelessig

1. Die Eier 4 Minuten kochen und dann sofort in kaltem Wasser abschrecken.
2. Die Butter in einem Topf erhitzen, bis sie gut angebräunt, aber nicht verbrannt ist. Abkühlen lassen, bis die Butter lauwarm ist.
3. Die Eier schälen, mit etwas Salz und Apfelessig in ein hohes Gefäß geben und mit dem Pürierstab glatt pürieren.
4. Die gebräunte Butter zufügen und weiterpürieren, bis eine mayonnaiseartige Konsistenz erreicht ist. Abschmecken und bei Bedarf etwas mehr Essig und Salz zufügen.

Zu dieser herrlichen Emulsion passen gegrillter weißer Spargel, frische Garnelen und knuspriges Brot. Fehlt nur noch ein Gläschen Weißwein, und man ist im siebten Himmel.

BEURRE BLANC

Beurre blanc ist eine einfache Buttersauce, die bei der Zubereitung jedoch kleine Tücken birgt. Wer sie meistert, hat allerdings immer eine leckere Sauce zu Fisch und grünem Gemüse zur Hand. Meine Beurre blanc ist ein Grundrezept, das du an deinen Gusto und an das Gericht, zu dem du sie servieren möchtest, anpassen kannst. Kapern, Chili oder stark reduzierter Fond sind beispielsweise leckere Beigaben. Sobald die Basis steht, kannst du gerne ein bisschen experimentieren.

ZUTATEN

Für 4 Personen

2 Bananenschalotten
100 ml Apfelessig
5 schwarze Pfefferkörner
1 Lorbeerblatt
200 ml Weißwein
200 g Butter
Salz und schwarzer Pfeffer

1. Die Schalotten würfeln und mit Essig, Pfefferkörnern und Lorbeerblatt in einen Topf geben. Um die Hälfte einreduzieren, dann den Wein zugießen und nochmals einreduzieren lassen.
2. Jetzt ist der Zeitpunkt gekommen, an dem nach Belieben auch noch Fond hinzugefügt werden kann. Das Ganze wiederum um die Hälfte einreduzieren.
3. Lorbeerblatt, Zwiebel und Pfefferkörner abseihen.
4. Nach und nach die Butter zufügen und mit einem Schneebesen kräftig unter die Sauce rühren.
5. Die Sauce sollte dabei schön heiß werden, darf aber nicht mehr kochen.
6. Sobald eine cremige Sauce entstanden ist, diese noch mit Salz und Pfeffer abschmecken.

ZERLASSENE BUTTER

»Alles in Butter?« »Jetzt mal Butter bei die Fische!« Ja, es gibt unzählige Redewendungen, in denen die gute alte Butter eine zentrale Rolle spielt. Lässt man sie einfach im Topf schmelzen, wird sogar eine Sauce daraus, die wunderbar zu gedünstetem Gemüse, Fisch, Maiskolben und vielem mehr passt. Lass dich also bloß nicht unterbuttern, sondern sag Ja zur vollen Butterdröhnung!

Je nach Herstellungsart, ob Süßrahm- oder Sauerrahmbutter, schmeckt die Butter etwas anders und ist mehr oder weniger säuerlich. Wer als Butter-Nerd etwas auf sich hält, sollte daher die einzelnen Sorten etwas genauer unter die fettige Lupe nehmen. Auf zur Butterverkostung!

ZUTATEN

1 Packung der besten gesalzenen Butter, die du bekommen kannst

1. Die Butter langsam schmelzen und nicht kochen lassen.
2. Sofort servieren.

GEBRÄUNTE BUTTER

Der Duft, die Wärme, die Vorfreude, der Geschmack – bei gebräunter Butter kribbeln meine Zehen vor Aufregung, und mein Gaumen stimmt ein fröhliches Lied an. Wenn die Sauce Gott ist, dann ist die gebräunte Butter die Liebe.

ZUTATEN
1 Paket Butter

1. Die Butter schmelzen und ganz gemütlich aufwallen lassen. Butter mag keinen Stress.
2. 5–10 Minuten köcheln, bis sich der Duft von gerösteten Haselnüssen im Raum verbreitet.
3. Du entscheidest selbst, wie dunkel deine Butter werden soll. Lass sie aber nicht verbrennen, sonst entwickelt sie einen bitteren, ranzigen Geschmack.

MEERRETTICH-VELOUTÉ

Wenn du die Mehlschwitze beherrschst und schon die ein oder andere Béchamelsauce zubereitet hast, kannst du dich an die Velouté wagen. Eigentlich ist es ganz einfach: Statt heißem Wasser und Milch oder Sahne rührst du Brühe oder Fond ein. Die Sauce schmeckt also vornehmlich nach dem verwendeten Fond. Bei Veloutés ist die Palette breit und reicht von Meerrettichsauce über Geflügelfrikassee bis hin zur Muschelsauce. Hier kommt mein Rezept für Meerrettichsauce zum Tafelspitz, doch die Zubereitungsart ist die gleiche, egal mit welchem Fond man arbeitet.

ZUTATEN

Für 4 Personen

25 g Butter
35 g Mehl
100 ml kochendes Wasser
500 ml milde Rinderbrühe (abgeseihte Kochbrühe von der Rinderbrust)
100–200 g Sahne
1 Schuss Weißwein
Salz und schwarzer Pfeffer
massenweise frisch geriebener Meerrettich

1. Die Butter in einem Topf schmelzen, das Mehl unterrühren.
2. Den Topf vom Herd nehmen und das kochende Wasser unterrühren.
3. Den Topf zurück auf den Herd stellen, nach und nach die Brühe unterrühren und vor jeder Zugabe sicherstellen, dass auch alle Klümpchen aufgerührt wurden.
4. Die Sauce 10 Minuten kochen lassen, bis sie eindickt.
5. Die Sahne unterrühren und nochmals sämig einköcheln lassen.
6. Mit einem Hauch Wein, Salz und Pfeffer abschmecken.
7. Kurz vor dem Servieren reichlich frisch geriebenen Meerrettich unter die Sauce rühren, damit es beim ersten Bissen so schön in der Nase prickelt.

SAUCE NAGE

Oder Beurre blanc mit Einlage. Viele Saucen bauen auf simplen Grundsaucen auf, so auch die Sauce nage, die eine Weiterentwicklung der herrlichen Beurre blanc ist. Weil sie so gut zu Fisch schmeckt, musste ich sie einfach in dieses Buch mit aufnehmen. Spätestens, wenn du ein perfekt gedämpftes Dorschfilet mit Sauce nage gegessen hast, wirst du verstehen, was ich meine. Genuss pur.

ZUTATEN

Für 4 Personen

100 ml Apfelessig
5 schwarze Pfefferkörner
1 Lorbeerblatt
2 Bananenschalotten
1 kleine Karotte
50 g helles Wurzelgemüse
30 g Stangensellerie
200 ml Weißwein
200 g Butter
Salz und schwarzer Pfeffer

1. Essig, Pfefferkörner und Lorbeerblatt (Letztere möglichst in einen Teebeutel stecken) in einen Topf geben und um die Hälfte einreduzieren.
2. Das Gemüse fein würfeln.
3. Gemüse und Weißwein in den Topf geben und das Gemüse gar dünsten.
4. Das Gemüse abseihen und beiseitestellen.
5. Die Flüssigkeit zurück in den Topf gießen und um etwa die Hälfte einreduzieren.
6. Jetzt ist der Zeitpunkt gekommen, an dem nach Belieben auch noch Fond hinzugefügt werden kann. Das Ganze wiederum um die Hälfte einreduzieren. Weil die Sauce zu Fisch serviert wird, verwendet man oft Fischfond.
7. Die Butter zufügen und mit einem Schneebesen kräftig unter die Sauce rühren.
8. Die Sauce sollte schön heiß werden, darf aber jetzt nicht mehr kochen.
9. Wenn eine cremige Sauce entstanden ist, das Gemüse hineingeben.
10. Mit Salz und Pfeffer nach Geschmack würzen.

SAUCE TARTARE À LA MAGNUS LAIER SONNE

Wie heißt es doch so schön? »If it ain't broke, don't fix it.« Und das trifft meiner Meinung nach ganz besonders auf die Sauce tartare und das überragende Rezept von Magnus Laier Sonne zu. Er ist ein dänischer Koch und Rezeptautor und hat für dieses Rezept definitiv den Ritterschlag verdient. Unbedingt ausprobieren!

ZUTATEN

Für 3–4 Personen – oder für 1 Person, wenn du Gorm Wisweh zu Besuch hast

1 Handvoll Cornichons
2 Frühlingszwiebeln
2 hart gekochte Eier
2 EL Kapern (möglichst eine salzige Variante, die zuvor allerdings kurz abgespült wird)
1 TL Rosenpaprika oder 1 Spritzer Chilisauce
300 g hochwertige Mayo, möglichst selbst gemacht (Magnus sagt: »Auf jeden Fall selbst gemacht.«)
Abrieb und Saft von 1 Bio-Zitrone
1 TL Dijon-Senf
Salz und schwarzer Pfeffer

1. Cornichons und Frühlingszwiebeln in dünne Scheiben schneiden. Die Eier würfeln.
2. Alle Zutaten bis auf Zitrone und Dijon-Senf verrühren.
3. Mit Zitronenabrieb, Zitronensaft, Dijon-Senf, Salz und Pfeffer abschmecken. Bei sehr salzigen Kapern das Salz sparsam dosieren.

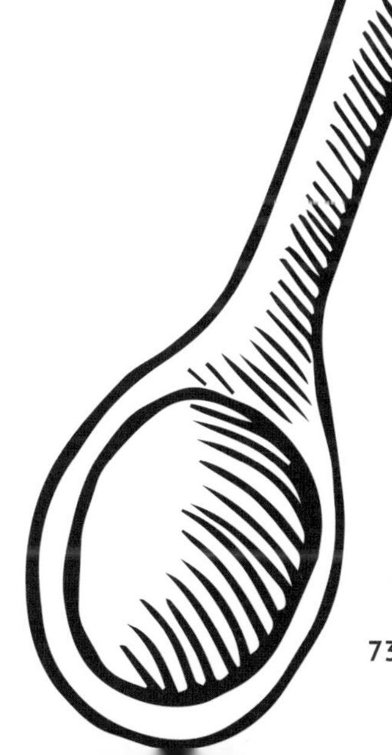

BÉCHAMELSAUCE

Und schon sind wir mittendrin in der Grundsaucenschule! Sobald du die Mehlschwitze beherrschst, steht dir die Saucenwelt offen – und Sauce Mornay für Lasagne, Kräutersauce für Fisch, Spargelsuppe oder Meerrettichsauce für Tafelspitz sind kein Problem mehr. Die erste Lektion in der Saucenschule ist aber die Béchamelsauce, für die du hier ein Grundrezept mit einem Schuss Weißwein bekommst.

ZUTATEN

Ergibt ca. 500 ml

25 g Butter
50 g Mehl
200 ml heißes Kochwasser von Kartoffeln (wenn vorhanden), ansonsten kochendes Wasser
400–500 ml Vollmilch oder Sahne (ggf. 300 ml Milch und 100 ml Sahne)
1–2 EL Weißwein
Salz und schwarzer Pfeffer

1. Die Butter in einem Topf schmelzen, das Mehl unterrühren.
2. Den Topf vom Herd nehmen, 200 ml kochendes Wasser zufügen und mit einem Schneebesen kräftig unterschlagen. Durch das Wasser vermeidet man Klumpenbildung, und die Sauce wird schön glatt.
3. Den Topf zurück auf den Herd stellen und nach und nach die Milch/Sahne unterrühren.
4. Während des Rührens langsam aufkochen.
5. Die Sauce 4–5 Minuten köcheln lassen, bis der Mehlgeschmack verschwindet.
6. Eine zu dicke Sauce mit etwas Milch oder Sahne verdünnen.
7. Eine zu dünne Sauce noch ein wenig einköcheln.
8. Mit Weißwein, Salz und Pfeffer würzen.

Selbstverständlich schmeckt die Sauce jetzt noch recht fad. Es handelt sich um eine Basissauce, die noch weiter verfeinert werden muss.

SAUCE MORNAY – PERFEKT FÜR LASAGNE

Hast du auch immer geglaubt, dass Lasagne mit einer Béchamelsauce zubereitet wird? Weit gefehlt! Vielmehr paart man Lasagne mit Sauce Mornay, einer mit Käse und – im Falle von Lasagne – mit Muskat abgewandelten Béchamelsauce. Ursprünglich wurde Gruyère verwendet, doch als die Italiener die Sauce für sich entdeckten, wurde dieser durch Parmesan ersetzt. Bei mir zu Hause wandert meist einfach der Käse hinein, der kurz vor dem Ablaufdatum steht. Deshalb hat es die Sauce Mornay bei mir käsemäßig oft ordentlich in sich. Sie eignet sich aber nicht nur für Lasagne, sondern für alles, was überbacken werden soll und von einer dicken Schicht Käseliebe profitiert. Die Liste ist lang und enthält Klassiker wie Croque Monsieur, Eggs Benedict und belgischen überbackenen Chicorée.

ZUTATEN

Für 500 ml Sauce + Käse (für eine Lasagne für 4 Personen)

500 ml Béchamelsauce
200 g geriebener Käse, z.B. eine Mischung aus Parmesan, Emmentaler und eventuellen Käseresten aus dem Kühlschrank
½ Muskatnuss

1. Eine Béchamelsauce zubereiten (s. S. 74).
2. Den Käse unterrühren und schmelzen lassen.
3. Mit Muskat würzen.
4. Für eine Lasagne oder andere Köstlichkeiten verwenden.

Mauviel
1830

SAUCE HOLLANDAISE

Wenn die Béarnaise die Kaiserin der Saucen ist, dann ist die Hollandaise die Königin. In der Vergangenheit wurde Sauce béarnaise oft grob vereinfachend als eine Hollandaise mit Estragon betrachtet. Eines steht jedoch fest: Wenn man die eine beherrscht, beherrscht man auch die andere – zumindest technisch.

ZUTATEN

Für 4 hungrige Personen

4 Eigelb
Saft von 1 Bio-Zitrone oder 100 ml trockener Weißwein
500 g Butter
Salz und Pfeffer (Standard ist weißer Pfeffer, aber ich finde das nicht sonderlich lecker; ich nehme lieber ein paar schwarze Pfefferpunkte in der Hollandaise in Kauf)

1. Eigelbe und etwas Salz verquirlen.
2. Zitronensaft oder Weißwein unterrühren.
3. Die Butter erhitzen, bis kleine Blasen aufsteigen, dann vom Herd nehmen.
4. Die Butter nach und nach unter ständigem, kräftigem Rühren in die Eigelbe gießen.
5. Sobald die Sauce eine cremige Konsistenz erreicht hat, mit Salz und Pfeffer und nach Belieben mit etwas Zitronenschale würzen.

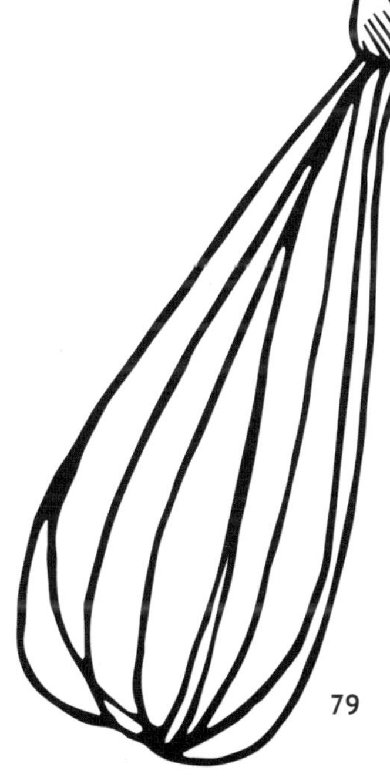

TIPP

Meine Lieblings-Hollandaise wird mit Dillsspitzen verfeinert. Den Dill einfach mit der Butter erhitzen, damit er sein Aroma abgeben und der Hollandaise einen herrlichen Geschmack verleihen kann.

SENFSAUCE – DIE SILVESTERSAUCE

ZUTATEN

Für 4 Personen

ca. 100–200 ml Fischfond (aus Fischköpfen und -schwänzen)
1 Karotte
1 Petersilienwurzel oder 100 g eines anderen hellen Wurzelgemüses
2 Lorbeerblätter
12 schwarze Pfefferkörner
1 Sträußchen frischer Dill
1 Bananenschalotte, halbiert
400 g Butter
getrockneter Dill (optional)
4 Eigelb
Salz
2 EL Apfelessig
1 EL grober Senf

Wer hat, der kann aus den Resten eines Kabeljaus blitzschnell einen **Schummel-Fischfond** herstellen:

1. Kopf und Schwanz des Fisches samt Karotte, Petersilienwurzel, Lorbeerblättern, Pfefferkörnern, Dillstielen und Schalotte in einem Topf mit kaltem Wasser bedecken.
2. Aufkochen, vom Herd nehmen und abschäumen.
3. 30 Minuten ruhen lassen.
4. Nochmals aufkochen.
5. Abschäumen, dann abseihen.
6. Den Fond sirupartig einköcheln – du benötigst nur ein paar Milliliter.

FÜR DIE SAUCE

1. Die Butter schmelzen und dabei ein klein wenig anbräunen. Nach Belieben etwas getrockneten Dill zufügen. Schmeckt köstlich.
2. Die Eigelbe in einer Schüssel mit etwas Salz hell und schaumig aufschlagen.
3. Bei geringer Hitze nach und nach die zerlassene Butter unter ständigem Rühren in die Eigelbe gießen und gründlich unterschlagen.
4. Mit Fond, Essig und Senf abschmecken.
5. Kurz vor dem Servieren viel frischen Dill unterheben.

SAUCE MOUSSELINE

Wie im Film »Highlander« kann es nur einen oder besser eine geben! Die Sauce mousseline ist die Sauce der Wahl für weißen Spargel mit frisch gepulten Garnelen, für Kaisergranate oder europäischen Hummer. Sie ist fluffig, sinnlich und fast erotisch und damit die sexieste Sauce der Welt.

ZUTATEN

Für 4 Personen

100–150 g Sahne
600 ml frisch gekochte Hollandaise, s. S. 79
etwas Abrieb von 1 Bio-Zitrone
Salz und schwarzer Pfeffer

1. Die Sahne leicht aufschlagen. Damit die Hollandaise nicht gerinnt, darf die Sahne nicht kalt sein.
2. Die Sahne unter die Sauce heben.
3. Danach nur noch so wenig wie möglich rühren, damit die Sauce schön fluffig bleibt.
4. Mit Zitronenschale, Salz und Pfeffer abschmecken.

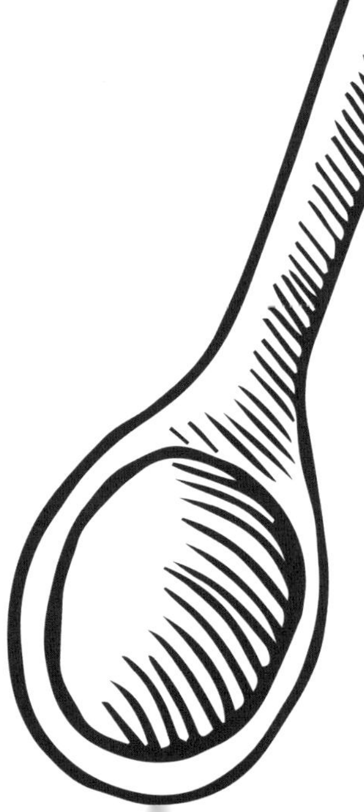

BÉARNAISE – DIE KAISERIN UNTER DEN SAUCEN

Wenn du in der Saucenhierarchie ganz oben stehst, hat jeder eine Meinung zu dir: Der Löffel sollte darin stehen können, die Sauce muss heiß sein, kalt schmeckt sie besser, sie sollte tomatisiert werden, es muss Fond hinein, Kerbel und Estragon gehören hinein, nur Estragon und so fort. Über die Béarnaise ist schon viel gesagt und geschrieben worden, deshalb werde ich mich kurz fassen. Als mein guter Freund Jesper Marcussen Lehrling im Restaurant Oubæk in Kopenhagen war, hat er mir verraten, dass ein paar Tropfen Tabasco in der Béarnaise Wunder wirken. Keine Ahnung, ob das wirklich im Restaurant Usus war, aber für mich ist es seither meine Béarnaise-Geheimzutat. Deshalb von hier aus ein großes Dankeschön an Rasmus Oubæk, meinen Béarnaise-Baron!

ZUTATEN

Reichlich für 2, ausreichend für 4 Personen

BÉARNAISE-ESSENZ

Möglichst gleich eine große Portion zubereiten, die sich gut im Kühlschrank hält. Auch lecker in einer Vinaigrette

1 Bananenschalotte
4 EL trockener Weißwein
2 EL Apfelessig
2 Lorbeerblätter
8 schwarze Pfefferkörner
Stiele von Kerbel und Estragon

ESSENZ

1. Die Schalotte fein hacken und mit Weißwein, Essig, Lorbeerblättern, Pfefferkörnern und den Kräuterstielen in einem Topf aufkochen.
2. Die Flüssigkeit um die Hälfte einkochen, den Topf vom Herd nehmen.
3. Mindestens 1 Stunde, besser über Nacht, durchziehen lassen, dann abseihen.

Fortsetzung auf der Folgeseite ➤

McILHENNY
TABAS
BRAND
PEPPER SA

BÉARNAISE – DIE KAISERIN UNTER DEN SAUCEN

(Fortsetzung)

SAUCE
250 g Butter
4 Eigelb
Salz
4 Tropfen Tabasco
Béarnaise-Essenz nach Geschmack
1 Bund Estragon
1 Bund Kerbel

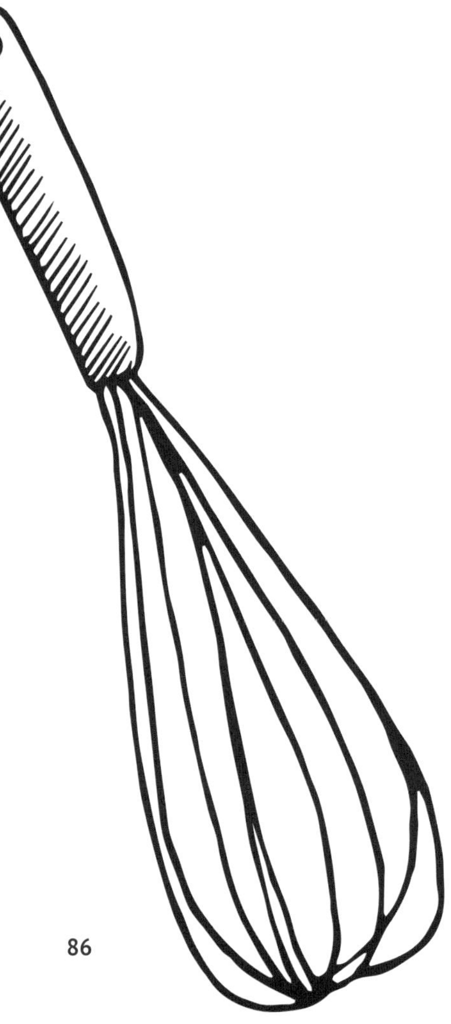

SAUCE

1. Die Butter in einem Topf erhitzen, bis sie Blasen schlägt. Herd ausschalten und den Topf auf der Restwärme stehen lassen.
2. Eigelbe und 1 Prise Salz in einem separaten Topf mit einem Handmixer zu einer hellen, luftigen Masse aufschlagen.
3. Die Butter zunächst tröpfchenweise unterrühren. Sobald die Sauce leicht bindet, mehr Butter zufügen (die dünne Molke am Boden des Buttertopfes aufbewahren und mit gedämpftem Gemüse kombinieren). Die Sauce dabei langsam erhitzen.
4. Beim Erhitzen darf die Sauce nicht zu heiß werden, deshalb zwischendurch immer wieder vom Herd nehmen. Man sollte gerade noch einen Finger hineinstecken können, ohne sich richtig zu verbrennen.
5. Sobald die gewünschte Konsistenz erreicht ist, die Sauce mit Tabasco und Essenz würzen.
6. Estragon und Kerbel hacken und kurz vor dem Servieren im Verhältnis 2:1 unterrühren.

TIPP

Auch köstlich: Leicht abgekühlten Bratensaft, zum Beispiel von einem Rinderbraten, unter die Béarnaise rühren.

SAUCE CHORON – DIE GROSSE SCHWESTER DER BÉARNAISE

Es war einmal ein französischer Koch, der sich fragte: »Was fehlt der Béarnaise?« Nichts, werden viele sagen. Die Béarnaise ist Sauce in Perfektion. Auch ich gehöre zu dieser Fraktion. Doch Alexandre Étienne Choron (1837–1924) war anderer Meinung. Er tomatisierte die Béarnaise, und schwupps, war die Sauce Choron erfunden. Ich möchte ihm insoweit recht geben, dass es sich um eine exzellente Variante der Béarnaise handelt. Sie schmeckt köstlich und gibt einem noch mehr Gelegenheit, eine Béarnaise zu genießen. Eine Sauce Choron zu servieren, klingt außerdem sehr elegant.

ZUTATEN

Für 4 Personen

1 Tomate
etwas Olivenöl
1 Msp. geräuchertes Paprikapulver oder Piment d'Espelette
1 geh. TL Tomatenmark
600 ml frisch gekochte, warme Béarnaise (s. S. 84)

1. Für das richtige Timing die Choron-Zutaten am besten vor der Béarnaise zubereiten.
2. Die Tomate halbieren, die Kerne herausschaben und das Fruchtfleisch fein würfeln. Etwas Olivenöl in einem Topf erhitzen und die Tomatenwürfel darin braten, bis sie zusammenfallen.
3. Geräuchertes Paprikapulver und Tomatenmark zufügen und ein paar Minuten erhitzen.
4. Die Mischung leicht abkühlen lassen.
5. Die Mischung unter die fertige Béarnaise rühren.

Das hier ist übrigens meine ganz persönliche Abwandlung der Sauce Choron. Wer weiß, vielleicht wird sie sogar eines Tages nach mir benannt?

TIPP

Diese Sauce ist vor allem für Rinderbraten gedacht, schmeckt aber auch lecker zu gebratenem Fisch.

SAUCE ESPAGNOLE

Die Sauce espagnole ist ein Saucenklassiker, der ein ganzes Arsenal an Zutaten aufbietet: Kalbsfond, Mirepoix und Mehlschwitze. Wäre sie nicht so aufwendig in der Herstellung, hätte sie der Béarnaise bestimmt den Rang ablaufen. Was für eine Sauce!

ZUTATEN

Für 4 Personen

25 g dunkle Mehlschwitze (10 g Butter und 15 g Weizenmehl goldbraun geköchelt, **s. S. 44)**
1 geh. TL Tomatenmark
500 ml Kalbsfond
1 kleines Sträußchen frischer Thymian, zusammengebunden mit Bratenschnur
100 g Mirepoix **(s. S. 42)**
1 Tomate
1 Handvoll frische Petersilie (optional)
Salz und schwarzer Pfeffer

1. Zunächst die Mehlschwitze mit dem Tomatenmark erhitzen.
2. Nach und nach unter Rühren den Kalbsfond zugießen, um Klumpenbildung zu vermeiden.
3. Den Thymian zufügen und alles 5–10 Minuten einköcheln.
4. Das Mirepoix zufügen und einige Minuten erhitzen.
5. Den Thymian herausfischen und entsorgen.
6. Schließlich die Tomate fein würfeln, die Petersilie hacken und beides unter die Sauce rühren.
7. Mit Salz und Pfeffer nach Geschmack würzen.

Ich serviere diese Sauce gerne mit der Einlage. Im klassischen Rezept wird sie allerdings durch ein Sieb gegeben, was meiner Meinung nach bei all den guten Zutaten eine Schande ist.

TIPP

Gib gerne noch einen Schuss Alkohol hinzu, wie Sherry oder Cognac. Oder auch milden Essig. Lass das aber bloß keinen Franzosen wissen …

SAUCE BORDELAISE – KLASSISCHE ROTWEINSAUCE

Die Sauce bordelaise oder Bordeauxsauce ist, wie der Name schon sagt, eine Rotweinsauce auf Bordeaux-Basis. Meiner Meinung nach wird sie aber mit jedem kräftigen Rotwein wundervoll. Und eine Augenweide ist sie dazu.

Wer es extravagant mag, kann vor dem Servieren noch pochiertes Rindermark unter die Sauce rühren. Perfekt zu Steaks!

ZUTATEN

Für 4 Personen

100 g Mirepoix (s. S. 42)
300 ml kräftiger, dunkler Rotwein
400 ml Kalbsfond
40 g ausgelöstes Rindermark (optional)
30 g Butter
Salz und schwarzer Pfeffer

1. Das Mirepoix in einem Topf erhitzen.
2. Mit Rotwein ablöschen und den Wein um die Hälfte reduzieren – je mehr der Wein eingeköchelt wird, desto süßer wird die Sauce. Je nach Wein muss also mehr oder weniger einreduziert werden.
3. Den Fond zugießen und nochmals reduzieren, bis die Sauce leicht eindickt. Die Bordelaise ist eher dünn und hat die Konsistenz von Ahornsirup.
4. Derweil das Rindermark 20 Sekunden in leicht gesalzenem, kochendem Wasser dämpfen (ja, so kurz, um das herrliche Knochenmarkfett zu erhalten). Abtropfen lassen und klein schneiden.
5. Die Sauce durch ein Sieb in einen sauberen Topf gießen. Auf kleiner Stufe die Butter mit einem Schneebesen unterrühren. Die Sauce darf nicht kochen, da die Butter sonst gerinnt.
6. Mit Salz und Pfeffer würzen und kurz vor dem Servieren die Markstücke unterrühren.

TIPP

Bei den meisten Saucen und Glaces begnüge ich mich mit einem preisgünstigen Wein, doch hier muss ein hochwertiger Tropfen her – das macht einen Riesenunterschied! Die Sauce wird nur so gut wie der verwendete Wein.

BARBARESCO

SAUCE BLANQUETTE

Es ist mir wirklich schleierhaft, wie man diese Sauce vor Erfindung des Pürierstabs zubereitet hat! Habe ich schon erwähnt, dass ich Koch-Autodidakt bin? Ich vermute, dass die Kochlehrlinge damals ununterbrochen den Schneebesen schwingen mussten, bis ihre Arme lahm wurden. Solange man einen Pürierstab besitzt, ist die Blanquette allerdings alles andere als kompliziert. Ihr Name klingt ebenso herrlich, wie sie schmeckt – wie ein inniger Kuss von einem geliebten Menschen im güldenen Morgenlicht.

ZUTATEN

Für 4 Personen

1 großes Ei
2 Eigelb
1 geh. EL Crème fraîche (38 % Fett)
250 g gesalzene Butter
200 ml Fond, z. B. Kalb, Huhn oder Fisch (der Klassiker ist mit Kalb)
Sherryessig, Zitronensaft oder Apfelessig – je nachdem, was am besten zum Gericht passt
Salz und schwarzer Pfeffer

1. Ei, Eigelbe, Crème fraîche und 1 Prise Salz glatt pürieren.
2. Die Butter in einem Topf schmelzen, bis sie Blasen schlägt.
3. Je nachdem, wozu die Sauce serviert wird, die Butter mehr oder weniger anbräunen. Hier zählt nur dein Gusto!
4. Den Fond aufkochen und nach und nach vorsichtig unter die Eiermasse rühren – so wie bei einer Béarnaise. Bei diesem Schritt muss der Fond heiß sein.
5. Die heiße, aber nicht kochende Butter unter Rühren mit dem Pürierstab einarbeiten.
6. Dabei dickt die Sauce an und wird schön cremig und luftig.
7. Mit Essig, Salz und Pfeffer nach Geschmack würzen.
8. Falls die Sauce gerinnt, kann man sie meist mit dem Pürierstab retten. Eventuell noch einen kleinen Eiswürfel und ein neues Eigelb zufügen.

TIPP

Vor dem Servieren kann man noch frische Kräuter unter die Sauce rühren, die ihr eine schöne grüne Frische verleihen. Die Sauce kann auch im Mixer zubereitet und vor dem Servieren in einem Topf erwärmt werden.

PILZSAUCE – EIN FEST FÜR SAMMLER

Ich habe Jahre damit verbracht, meine Pilzsauce zu perfektionieren – und das vorläufige Endergebnis kommt hier. Diese Sauce möchte ich an meine Kinder vererben, damit sie sie noch weiter verfeinern können. Auch meine geheimen Pilz-Spots werde ich ihnen dann verraten, doch bis dahin wird noch sehr viel Pilzsauce den Löffel herunterfließen.

ZUTATEN
Für 4 Personen

400 g feste Pilze (Pfifferlinge, Steinpilze, Wiesenchampignons, Portobello-Pilze usw.)
Olivenöl
1 Schalotte
2 Knoblauchzehen
2–3 Cherrytomaten
1 kleines Sträußchen glatte Petersilie, Stiele und Blätter
100 ml Balsamico-Essig
200 ml Rotwein
1 Lorbeerblatt
1 Sträußchen Thymian, zusammengebunden mit Bratenschnur
500 g Sahne
30 g Blauschimmelkäse
schwarzer Pfeffer und Sojasauce

1. Die Pilze putzen und würfeln (2 cm Seitenlänge).
2. Etwas Olivenöl in einem großen Topf auf hoher Stufe erhitzen.
3. Die Pilze darin braten, bis sie schön angebräunt sind.
4. Die Schalotte fein hacken, den Knoblauch in Scheiben schneiden, die Tomaten grob hacken, die Petersilienstiele hacken. Alles zufügen und 30 Sekunden auf hoher Stufe braten.
5. Den Essig zufügen und verkochen lassen.
6. Rotwein, Lorbeerblatt und Thymian zugeben und den Wein bis auf ein Drittel einkochen lassen.
7. Die Sahne einrühren und köcheln, bis die Sauce eindickt.
8. Mit Blauschimmelkäse, Pfeffer und Sojasauce nach Geschmack würzen.

Sojasauce ist mein neuester Trick, um den Umami-Geschmack der Pilze zu verstärken und der Sauce mehr Farbe zu verleihen.

SAUCE AU POIVRE – PFEFFERSAUCE

Seit Menschengedenken buhlen Béarnaise und Pfeffersauce unerbittlich um die Gunst des gut abgehangenen Rindfleisches. Zwar ist die Béarnaise vielseitiger, aber wenn ich die Wahl habe, entscheide ich mich stets für die Pfeffersauce. Formvollendet ist sie jedoch erst, wenn sie ordentlich in der Nase prickelt.

ZUTATEN

Für 4 leckere Steaks

1 Tomate
1 Bananenschalotte
2 Knoblauchzehen
20 g Butter
1 TL grober Dijon-Senf
50 ml hochwertiger Balsamico-Essig
100 ml Portwein oder 1 Schuss Cognac
300 ml Kalbsfond
2 geh. EL eingelegte grüne Pfefferkörner
200 g Sahne
Salz und schwarzer Pfeffer

1. Die Tomate halbieren, die Kerne herausschaben und das Fruchtfleisch fein würfeln. Schalotte und Knoblauch fein hacken.
2. Die Butter in einem Topf schmelzen, den Senf unterrühren und Tomate, Schalotte und Knoblauch darin anbraten.
3. Den Balsamico zugießen und fast vollständig verkochen lassen.
4. Den Portwein zufügen und um die Hälfte einreduzieren lassen.
5. Den Fond eingießen und um ein Drittel einkochen.
6. Pfefferkörner und Sahne unterrühren und weiterköcheln, bis die Sauce eindickt.
7. Mit Salz und Pfeffer nach Geschmack würzen.
8. Als Kontrapunkt zur fettigen Sahne nochmal etwas Säure in Form von Balsamico zufügen – aber vorsichtig dosieren.

Man kann das Gemüse abseihen, doch ich mag es mit etwas Einlage lieber, auch wenn das in der Kochwelt als Fauxpas gilt. Jeder nach seiner Fasson, wie ich immer sage.

JONAS' WHISKEY-PFEFFER-SAUCE

Die Whiskeysauce eines beliebten lokalen Steakhauses ist neben der Béarnaise in Pulverform die vermutlich meistgekaufte Sauce in Dänemark. Ich hatte ihr viele Jahre lang abgeschworen und deshalb zunächst gar kein Rezept für dieses Buch vorgesehen. Doch als wir die Fotos für das Buch machten, kam ein guter Freund des Lektors vorbei und sagte: »Ein Buch über Saucen? Genial! Übrigens mache ich die beste Whiskeysauce der Welt.«

Wie sich herausstellte, war das nicht übertrieben, und hier kommt sie nun, die beste Whiskeysauce, die ich jemals gegessen habe. Danke Jonas!

ZUTATEN

Für 4 saucenliebende Personen

1 Schalotte
3 EL Madagaskar-Pfefferkörner
125 g Austern-Seitlinge
Butter zum Braten
100 ml Whiskey oder Bourbon
¼ l Rinderfond
300 g Sahne
1 EL Dijon-Senf
Salz und schwarzer Pfeffer
Zuckerkulör

1. Die Schalotte fein hacken.
2. Die Hälfte der Pfefferkörner mit einer Gabel zerdrücken. Die restlichen Körner sind ein schöner Blickfang und verleihen der Sauce mehr Fülle.
3. Die Pilze mundgerecht zerteilen.
4. Etwas Butter in einer Pfanne auf mittlerer Stufe zerlassen. Schalotte und Pfeffer darin braten, bis die Schalotte etwas weich wird.
5. Die Pilze zufügen und braten, bis sie ein wenig weich sind, aber noch Biss haben.
6. Den Whiskey zufügen und sofort flambieren (niemals unter einer eingeschalteten Dunstabzugshaube entzünden!)
7. Sobald die Flammen erloschen sind, den Fond zufügen und um die Hälfte einreduzieren.
8. Die Sahne zufügen und alles einköcheln, bis die gewünschte Konsistenz erreicht ist.
9. Mit Senf, Salz und Pfeffer würzen.
10. Die Farbe mit etwas Zuckerkulör anpassen.

TIPP

Es geht auch ohne Pilze, aber Jonas findet, dass sie der Sauce zusammen mit den Pfefferkörnern einen schönen Biss verleihen. Wer es scharf mag, kann die Pfefferkornmenge gerne erhöhen.

BIERSAUCE MIT GETROCKNETEN PILZEN

Saucen enthalten häufig Wein oder Spirituosen. Bier fristet hier eher ein Schattendasein – sehr zu Unrecht! Zu beachten ist allerdings, dass sehr bittere, hopfige Biere meist auch zu bitteren Saucen führen. Greif deshalb zu dunklen Biersorten, wie Brown Ale, Stout oder Porter. Biersaucen schmecken besonders gut zu Wild und herbstlichen Gerichten, deshalb auch die Pilze in meinem Rezept. Was aber nicht heißt, dass man Biersaucen nicht auch das ganze Jahr über servieren kann.

ZUTATEN

Für 4 saucenverrückte Freunde

40 g getrocknete Steinpilze (oder andere getrocknete Pilze)
1 Flasche Bier (Stout oder Porter, gerne etwas süßlich)
1 Bananenschalotte
2 Knoblauchzehen
1–2 Lorbeerblätter (zu Wild kann man auch noch ein paar Wacholderbeeren in einem Teebeutel mitkochen)
300 ml Kalbsfond
1 kleines Sträußchen frischer Thymian, zusammengebunden mit Bratenschnur
1 EL Honig oder Johannisbeergelee
30 g dunkle Beeren (z.B. Brombeeren oder Heidelbeeren), frisch oder gefroren, oder 10–15 g getrocknete Beeren
100 g Butter oder 200 g Sahne – je nach Geschmack
Salz und schwarzer Pfeffer

1. Die getrockneten Pilze mit Wasser abspülen.
2. Die Pilze 30 Minuten im Bier einweichen.
3. Schalotte und Knoblauch schälen und würfeln.
4. Das Bier durch ein Sieb in einen Topf gießen.
5. Die Lorbeerblätter zufügen und das Bier aufkochen.
6. Fond, Thymian, Schalotte und Knoblauch zum Bier geben und um die Hälfte einreduzieren.
7. Die Sauce nach Belieben abseihen.
8. Den Honig unterrühren, um die Bitterkeit des Biers abzumildern.
9. Beeren und eingeweichte Pilze zufügen und kurz aufkochen.
10. Die Sauce mit Butterstücken montieren oder Sahne einrühren und einköcheln, bis die Sauce eindickt. Wird die Sauce mit Butter montiert, darf diese anschließend nicht mehr kochen.
11. Die Sauce mit Salz und Pfeffer würzen. Vielleicht noch mehr Honig zufügen – die Sauce sollte nur leicht bitter sein.

MUSCHELSAUCE MIT SAHNE

Wenn der Muschelfond erst einmal zubereitet ist, geht der Rest ganz leicht von der Hand. Miesmuscheln und Dijon-Senf sind ein echtes Dream-Team. Allerdings darf es nicht zu viel Senf sein, nur ein Hauch.

ZUTATEN
Für 4 Personen
500 ml Muschelfond
300–400 g Sahne (keine Bange, diese Sauce verträgt das – und du auch)
½ TL Dijon-Senf oder grober Senf (Senfkörner sehen in der Sauce schön aus)
Salz

1. Den Fond einreduzieren, bis er schön kräftig schmeckt.
2. Die Sahne zufügen und die Sauce einköcheln, bis sie leicht eindickt und nach einer liebevollen Umarmung schmeckt.
3. Mit Senf und nach Belieben mit Salz nach Geschmack würzen.

TIPP

Meiner Meinung nach müssen auch noch deine Lieblingskräuter hinein, und zwar reichlich.

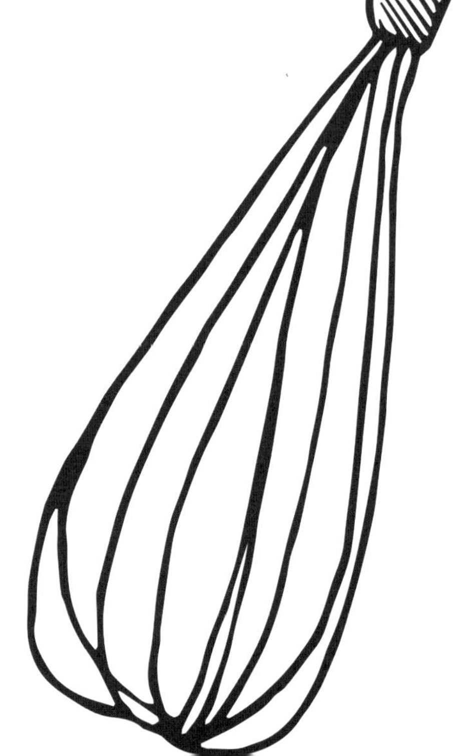

CHOWDER MIT MIESMUSCHELN UND WEISSWEIN

Das amerikanische Chowder ist eigentlich eher eine Suppe als eine Sauce. Die Zubereitungsart eignet sich aber perfekt für eine wunderbar cremige Muschelsauce, die im Grunde eine Art Velouté ist.

Echtes Chowder wird klassischerweise mit Kartoffeln (New England) legiert oder tomatisiert (Manhattan). Es gibt auch viele Varianten, die mit einer Mehlschwitze gebunden werden. Mein Rezept basiert auf einer Velouté, ist also eine Mehlschwitze mit Twist (s. S. 68).

ZUTATEN

Für 4 Personen + etwas mehr

25 g Butter
50 g Mehl
etwas heißes Wasser
500 ml Muschelfond
etwas Sahne oder Milch
2–3 Zweige Thymian
1 Karotte
1 Fenchelknolle
1 Selleriestange
etwas Weißwein
1 Bananenschalotte
1 Handvoll frische glatte Petersilie
ein paar Zweige frischer Estragon
ein paar Handvoll gedämpfte, ausgelöste Miesmuscheln als Suppeneinlage

1. Die Butter in einem Topf langsam schmelzen. Das Mehl einrühren und 1 Minute erhitzen, ohne dass es anbräunt. So verschwindet der unerwünschte Mehlgeschmack. Einen Schuss heißes Wasser zufügen und gut unterrühren.
2. Den Fond zugießen und eventuelle Klümpchen gut aufrühren.
3. Etwas Sahne oder Milch sowie den Thymian zufügen. Einreduzieren, bis eine cremige Sauce mit der Konsistenz einer Kartoffelsuppe entstanden ist.
4. Karotte, Fenchel und Sellerie fein würfeln und 2 Minuten in der Sauce erhitzen. Etwas Weißwein nach Geschmack zufügen.
5. Die Schalotte würfeln, Petersilie und Estragon fein hacken und mit den Muscheln unter die Sauce rühren.

Eine Luxussauce, mit der man leckeren Fisch verwöhnen kann, die aber auch toll als Vorspeisensuppe geeignet ist.

HUMMERSAUCE

Hummersauce und Hummer-Bisque haben dieselbe Basis. Das heißt: Sobald der Hummerfond unter Kontrolle ist, ist der Rest ein Kinderspiel. Ich bereite Hummersauce nicht sonderlich häufig zu, sie bildet mit gedämpftem Fisch aber ein ganz wundervolles Paar und schmeckt nach echtem Luxus.

ZUTATEN

Für 4 Personen

etwas Cognac oder Brandy zum Abschmecken
500 ml hochwertiger, kräftiger Hummerfond
¼–½ l Sahne
Salz und schwarzer Pfeffer

1. Einen Schuss Cognac in einen Topf geben und kochen, bis der Großteil des Alkohols verdampft ist.
2. Den Fond zufügen und mindestens um ein Drittel, vielleicht auch um die Hälfte einreduzieren, bis ein intensiver Geschmack erreicht ist.
3. Die Sahne einrühren und weiterköcheln, bis die Sauce eindickt. Für eine weniger fette Sauce kann man anstelle von Sahne auch eine Mehlschwitze zum Binden verwenden (s. S. 44).
4. Mit Salz und Pfeffer würzen. Falls der Sauce der Pfiff fehlt, noch etwas Cognac unterrühren.

SAUCE AMÉRICAINE

Aus unerfindlichen Gründen ist die bretonische Sauce américaine bei uns nicht sonderlich bekannt. Sie wird im Süden der USA gerne zu Grillfleisch serviert und verleiht ihm einen Hauch von »Surf and Turf«. An dieser Sauce begeistern mich vor allem die vielen Zutaten und die unzähligen Aromen, die auf der Zunge ein wahres Geschmacksfeuerwerk entfachen. Ein unvergessliches Erlebnis!

ZUTATEN

Für 4 Personen

neutrales Öl zum Braten
1 große Handvoll Garnelenschalen
5 Knoblauchzehen
3 Schalotten
1 Stück frischer Ingwer (so groß wie dein erstes Daumenglied)
1 Msp. Cayennepfeffer oder mehr nach Geschmack
etwas frisch geriebene Muskatnuss
etwas gemahlene Gewürznelke
1 EL Tomatenmark
1 Schuss Cognac oder Weinbrand
200 ml Weißwein
2–3 EL Fischfond
1 Sträußchen frischer Thymian
1 Schuss scharfe Chilisauce oder mehr nach Geschmack
Saft von ½ Zitrone
25 g Butter

1. Etwas neutrales Öl in einem breiten Topf erhitzen und die Garnelenschalen darin kräftig anbraten, bis sie ihr Aroma entfalten.
2. Knoblauch und Schalotten fein hacken und den Ingwer reiben. Die trockenen Gewürze kurz mit in den Topf geben, bis sie zu duften beginnen. Dann Knoblauch, Schalotten, Tomatenmark und Ingwer zufügen. Einmal umrühren.
3. Cognac oder Weinbrand zugießen, anzünden und kurz flambieren.
4. Weißwein und Fischfond zufügen und alles abgedeckt auf kleiner Stufe 20 Minuten köcheln.
5. Die Sauce durch ein mit einem Geschirrtuch (zuvor gründlich unter kaltem Wasser ausgespült) ausgelegtes Sieb in einen sauberen Topf abgießen. Die ausgekochten Zutaten entsorgen.
6. Das Thymiansträußchen in die Sauce geben, aufkochen und mit Chilisauce und Zitronensaft nach Geschmack würzen.
7. Den Thymian nach 5 Minuten entfernen und die Sauce nach Belieben noch etwas einköcheln.
8. Die Sauce mit Butter montieren, mehr dazu auf S. 17.

MAYONNAISE

Zum Thema Mayonnaise habe ich eine klare Meinung: Sie wird nicht gekauft, sondern immer selbst gemacht. Basta. Mayonnaise ist leicht herzustellen, hält sich gut im Kühlschrank und schmeckt tausendmal besser als die Supermarktvariante. Außerdem gibt es viele verschiedene Zubereitungsarten, und man kann mit Kräuterölen experimentieren, um der Mayonnaise eine besondere Geschmacksnote zu verleihen. Meine Mayonnaise ist wie so vieles in diesem Buch ein Grundrezept. Bei mir kommt sie vielseitig zum Einsatz – vom Sandwich bis zum Coleslaw.

ZUTATEN

Ergibt 300–400 g Mayonnaise

3 Eigelb – wenn die Mayo ein paar Tage im Kühlschrank aufbewahrt werden soll, pasteurisierte Eier verwenden. Das beste Ergebnis erzielt man aber mit frischem Eigelb
1 leicht geh. TL grober Senf
ca. 300 ml neutrales Rapsöl (die exakte Menge hängt von der Größe der Eigelbe und der gewünschten Konsistenz ab)
2–3 EL Apfelessig
Salz und schwarzer Pfeffer

1. Eigelbe, Salz und Senf mit einem elektrischen Handrührgerät schaumig aufschlagen.
2. Das Öl langsam, anfangs nur tröpfchenweise unter Rühren zufügen.
3. Nach und nach das Öl in immer größeren Mengen einarbeiten.
4. Sobald es so wirkt, als könne das Eigelb kein Öl mehr aufnehmen, etwas Essig zufügen. Auf diese Weise kann das Eigelb wieder etwas Öl aufnehmen.
5. Wenn das Eigelb erneut kein Öl mehr aufnehmen kann, ist die Mayo fertig und kann mit Salz, Pfeffer, Senf und eventuell mehr Essig abgeschmeckt werden.

AIOLI

Eine echte Aioli ist nicht einfach nur Mayonnaise mit Knoblauch – sie hebt die Mayonnaise auf ein ganz neues Level! Sobald du dieses Rezept zubereitet hast, wirst du verstehen, wovon ich rede. Einfach umwerfend!

ZUTATEN

Für 4 Personen

1 gebackene Ofenkartoffel, abgekühlt
1 Knoblauchzehe
180 g hausgemachte Mayo
Abrieb von 1 Bio-Zitrone
1 Schuss hochwertiges natives Olivenöl extra
Salz und schwarzer Pfeffer

1. Das Fruchtfleisch der Kartoffel aus der Schale kratzen und durch ein feines Sieb drücken.
2. Den Knoblauch fein reiben und mit Mayo, Kartoffelbrei und Zitronenabrieb vermengen.
3. Mit Olivenöl, Salz und Pfeffer würzen.
4. Unglaublich vielseitig einsetzbar: passt zu gebratenen Krustentieren, geröstetem Brot oder neuen Kartoffeln.

TIPP

Für eine etwas nordischere Version, die nicht minder lecker ist, den Knoblauch durch Bärlauch ersetzen.

DÄNISCHE REMOULADE

Ein kleines dänisches Wunderwerk. Na ja, fast. Eigentlich stammt Remoulade natürlich aus Frankreich, wie so viele andere Köstlichkeiten. Aber immerhin haben wir es geschafft, eine ganz ansehnliche lokale Variante zu kreieren. Weil wir am Original herumgepfuscht haben, würden uns die Franzosen wahrscheinlich am liebsten teeren und federn, doch wir lieben unsere Remoulade.

ZUTATEN

Für 4 Portionen Fritten

GEMÜSE-PICKLES

1 Karotte
100 g Blumenkohl
½ Gurke
2 Bananenschalotten
2 Knoblauchzehen

ESSIGSUD FÜR DIE PICKLES

200 ml Essig nach Wahl (ich schwöre auf Apfelessig)
80 g Zucker
200 ml Wasser
8 schwarze Pfefferkörner
2 Lorbeerblätter
1 TL Kurkuma
Stiele von Petersilie oder Dill (optional)

REMOULADE

270 g hausgemachte Mayonnaise
200 g grob gehackte Pickles (möglichst hausgemacht)
½ TL Kurkuma
Salz und schwarzer Pfeffer (optional)

PICKLES

1. Das Gemüse in Scheiben schneiden und in ein Schraub- oder Weckglas füllen.
2. Die Zutaten für den Essigsud aufkochen.
3. Den Sud sofort über das Gemüse gießen.
4. Das Glas schließen und bis zum nächsten Tag, gerne auch ein paar Tage ziehen lassen.
5. Dann sind die Pickles startklar für die Remoulade.

REMOULADE

1. Alle Zutaten verrühren.
2. Mit Salz und Pfeffer abschmecken.
3. 15–20 Minuten durchziehen lassen, bis die Remoulade eine schöne Farbe angenommen hat

KETCHUP – DIE SECHSTE GRUNDSAUCE

Es gibt zwei Arten von Menschen auf dieser Welt: diejenigen, die Ketchup lieben, und diejenigen, die Ketchup hassen. Ich gehöre eindeutig zur ersten Kategorie und habe eine Lieblingsmarke, die aus den USA stammt. Manchmal muss es aber selbst gemachter Ketchup sein – und dann koche ich dieses fabelhafte Rezept.

ZUTATEN

Ergibt 500 g Ketchup

1 kg vollreife Tomaten
300 g mittelsäuerliche Äpfel
2 Bananenschalotten
1 Knoblauchzehe
50 ml Apfel- oder Malzessig
2 Lorbeerblätter
2 EL Honig
½ TL Piment d'Espelette oder geräuchertes Paprikapulver
Salz, Pfeffer und nach Belieben etwas Fünf-Gewürze-Pulver

1. Die Tomaten von den Kernen befreien und grob würfeln.
2. Äpfel und Schalotten würfeln, den Knoblauch in Scheiben schneiden.
3. Tomaten, Äpfel, Schalotten, Knoblauch, Essig und Lorbeerblätter in einen Topf geben. Etwa 10 Minuten unter gelegentlichem Rühren erhitzen, bis die Zutaten zerfallen sind.
4. Mit Honig, Piment d'Espelette, etwas Salz und nach Belieben Fünf-Gewürze-Pulver würzen.
5. Einkochen, bis die gewünschte Konsistenz erreicht ist.
6. Die Lorbeerblätter entfernen und das Ganze noch heiß glatt pürieren.
7. Mit Salz und Pfeffer und nach Belieben etwas mehr Essig abschmecken.
8. Den Ketchup sofort auf sterilisierte Flaschen verteilen und diese fest verschließen. Im Kühlschrank hält er sich sehr lange.

THOUSAND-ISLAND-DRESSING

Das amerikanische Thousand-Island-Dressing ist das mit Abstand meistgekaufte Dressing im dänischen Königreich. Es schmeckt sauer, synthetisch und schlichtweg schauderhaft – wenn man mich fragt. Deshalb, liebe Freundinnen und Freunde, machen wir es von jetzt an immer selbst. Extrem einfach und extrem lecker.

Für mein Rezept muss man allerdings etwa 25 Minuten einplanen. Theoretisch kann man Mayo, Schmand, Ketchup, geräuchertes Paprikapulver, Chilisauce und Cornichons auch einfach miteinander verrühren und servieren. Doch wer etwas auf sich hält, sollte meine Version zumindest einmal ausprobieren.

ZUTATEN

Für 4 Personen/ergibt ca. 300 g

6–8 Cornichons
90 g hausgemachte Mayonnaise
100 g Schmand oder Crème fraîche
2 EL hausgemachter Ketchup oder 1 EL Tomatenmark
½ TL geräuchertes Paprikapulver oder Piment d'Espelette
ein wenig Saft und Abrieb von 1 Bio-Zitrone
Salz und schwarzer Pfeffer
einige Tropfen Tabasco oder einer anderen Chilisauce nach Wahl

1. Die Cornichons fein würfeln und mit den restlichen Zutaten bis auf den Zitronensaft verrühren.
2. 15–20 Minuten durchziehen lassen, damit sich die Aromen entfalten.
3. Mit Tabasco, Salz, Pfeffer und Zitronensaft abschmecken.

Ich garniere das Dressing gerne mit etwas fein gehackter Petersilie oder feinen Schnittlauchröllchen. Auch ein Hauch Worchestersauce hat Potenzial. Wie auch immer man sich entscheidet – der nächste Krabbencocktail kann kommen!

MORMORDRESSING – DÄNISCHES SAHNEDRESSING

Für ein dänisches Mormordressing, was direkt übersetzt Oma-Dressing bedeutet, braucht man nichts weiter als Sahne, Zitronensaft und ein wenig Geduld. Ich liebe meine Oma dafür!

Meine Oma heißt übrigens Bebe. Zugegeben, das hier ist eigentlich keine Sauce, aber immerhin steckt echte Oma darin. Und deshalb verdient das Dressing einen Ehrenplatz in meinem Buch.

ZUTATEN

Ausreichend für einen großen bunten Salat

300 g Bio-Sahne
100 ml Bio-Zitronensaft
2 EL Zucker oder nach Geschmack mehr
Salz und schwarzer Pfeffer

1. Alle Zutaten verrühren und abschmecken.
2. Mindestens 1 Stunde, möglichst aber 3 Stunden im Kühlschrank durchziehen lassen.
3. Das Dressing wird sämiger, je länger es zieht.

Man kann auch eine Abkürzung nehmen und das Dressing aufschlagen, bis es andickt. Doch nur die Zeit verleiht ihm die feine Säure, die den Geschmack so herrlich abrundet.

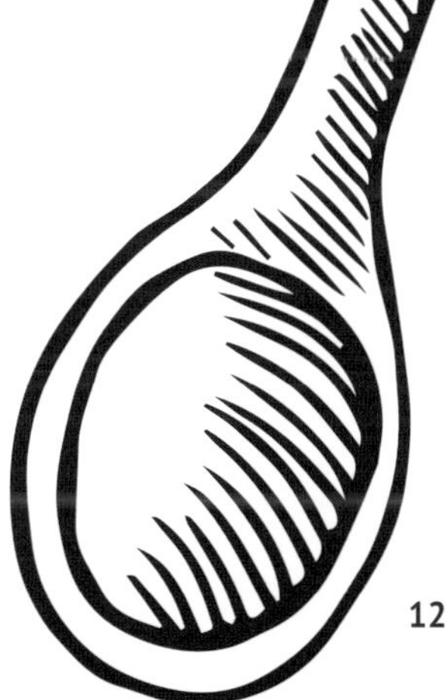

EI-VINAIGRETTE

Hier kommt ein weiterer Hybrid aus Dressing und Sauce, in dem sich gekochte Eier mit einer Vinaigrette vermählen, sie dadurch »saucifizieren« und reichhaltiger machen. Mit dieser Vinaigrette hebt man jedes gedämpfte Gemüse in den kulinarischen Himmel, also los geht's!

Klassischerweise werden die Eier dafür hart gekocht, so etwa 8–9 Minuten. Ich bevorzuge jedoch weich gekochte Eier. Das Ergebnis wirkt optisch vielleicht nicht ganz so ansprechend, doch das cremige Eigelb erfüllt mich mit einem echten Glücksgefühl. Die Wahl bleibt natürlich dir überlassen.

ZUTATEN

Für 4 große Portionen

100 ml Olivenöl
50 ml Essig, möglichst eine süßere Variante, wie Apfel- oder Sherryessig
1 TL Honig
1 TL Dijon-Senf (oder mehr nach Geschmack)
Salz und schwarzer Pfeffer
4 gekochte Eier
1 Bananenschalotte
1 Sträußchen frischer Kerbel, Dill oder frische Petersilie
1 EL Kapern
Zitronensaft und -abrieb zum Abschmecken (optional)

1. Öl, Essig, Honig, Senf, Salz und Pfeffer zu einer Vinaigrette verquirlen.
2. Die Eier schälen und würfeln.
3. Die Schalotte ganz fein würfeln, Kräuter und Kapern mittelfein hacken.
4. Alles gut verrühren und mit Salz und Pfeffer sowie Zitronensaft und -abrieb abschmecken.

Eine klassische Ei-Vinaigrette enthält nur Eiweiß. Weil ich aber kein klassischer Mensch bin und darüber hinaus Eigelb liebe, ist es in meiner Variante herzlichst willkommen.

CAESAR-DRESSING MIT TWIST

Das beste Dressing der Welt wurde ausgerechnet im mexikanischen Tijuana erfunden und kommt fast ausschließlich im gleichnamigen Salat zum Einsatz, was meiner Meinung nach eine Schande ist. Denn es passt zu vielen Salaten und schmeckt auch als Dip fantastisch. Meine Rezeptvariante ist während eines Japanaufenthalts entstanden, als ich dort ein Restaurant eröffnet habe. Dies nur zur Erklärung dafür, dass bei mir statt Dijon-Senf Wasabi-Paste zum Einsatz kommt. Yummy!

ZUTATEN

Für 4 Salate

1 TL Wasabi-Paste oder Dijon-Senf
3 Sardellenfilets
50 g geriebener Parmesan
1 EL Mayonnaise
3 EL Schmand oder Crème fraîche
Salz und schwarzer Pfeffer
Saft von 1 Bio-Zitrone

1. Wasabi, Sardellen, Parmesan, Mayo und Crème fraîche in einem Zerkleinerer fein pürieren.
2. Mit Salz, Pfeffer und Zitronensaft würzen.

HUMMUS

Sauce, Dip oder Aufstrich? Eigentlich egal! Ich liebe Hummus, weil er so unglaublich lecker und wandelbar ist. Man kann ihn unendlich variieren. Bei mir ersetzt Hummus oft die Sauce, die ich ansonsten gemacht hätte. Und weil dieses Buch die ganze Welt der Saucen abbilden soll, darf er hier nicht fehlen. Ob du ihn nun Sauce nennst oder nicht!

ZUTATEN

Für 2–3 Personen

200 g getrocknete Kichererbsen oder 400 g Kichererbsen aus der Dose
3 Lorbeerblätter
ein paar Limettenblätter (optional)
50 g Petersilienwurzel oder Pastinake
50 g Knollensellerie
2 Bananenschalotten
3 Knoblauchzehen
3 EL Tahini (Sesampaste)
Abrieb und Saft von ½ Bio-Zitrone
3 EL hochwertiges Olivenöl
1 TL gemahlener Kreuzkümmel oder mehr nach Geschmack
Paprikapulver, Chilipulver, Cayennepfeffer oder andere Gewürze nach Wahl
Salz

TIPP

Das Wurzelgemüse durch Rote Bete ersetzen oder noch eine ordentliche Portion Kräuter mitpürieren – z.B. Petersilie, Basilikum, Dill, Babyspinat oder andere Lieblingskräuter.

1. Die getrockneten Kichererbsen über Nacht in reichlich Wasser einweichen.
2. Das Wasser abgießen, die Kichererbsen in einem Topf mit frischem Wasser bedecken und Lorbeerblätter und nach Belieben Limettenblätter zufügen. Etwa 1 Stunde und 15 Minuten weich kochen, ohne dass sie zerfallen.
3. Wurzelgemüse, Schalotten und Knoblauch schälen und klein würfeln. 20 Minuten vor Ende der Garzeit zufügen.
4. Tahini, Zitronenabrieb und Zitronensaft zu einem Dressing verrühren.
5. Die Kichererbsen abgießen, das Kochwasser jedoch auffangen, um den Hummus später verdünnen zu können.
6. Die Kichererbsen fein pürieren und währenddessen nach und nach Dressing, Olivenöl, Gewürze und etwas Kochwasser zufügen. So viel Wasser eingießen, bis die gewünschte Konsistenz erreicht ist.
7. Mit Salz und nach Belieben etwas mehr Zitronensaft abschmecken.

PETERSILIEN-GURKEN-DIP

Tadaaa – das beste und einfachste Knoblauchdressing der Welt! Es ist stark an Zaziki angelehnt und passt hervorragend zu pikanten bis scharfen Speisen sowie Lammgerichten. Ich serviere den Dip auch gern als kalte Sauce zu indischem Essen.

Übrigens: Falls du jemals versucht sein solltest, eine Pizza mit einem Dressing zu verfeinern, dann bitte mit diesem hier. Ich beträufele meine Pizza auch manchmal mit Dressing, aber pssst … bitte nicht weitersagen! Sogar vor Ananas auf Pizza schrecke ich nicht zurück, doch das darfst du erst recht niemandem verraten!

ZUTATEN

Für 4 Personen

1 Sträußchen glatte Petersilie
Schale von 2 Salatgurken – den Rest für einen Salat verwenden
300 g Crème fraîche
1–2 Knoblauchzehen
Salz, Pfeffer und nach Belieben etwas Zitronensaft

1. Alle Zutaten glatt pürieren und dabei Acht geben, dass die Masse nicht gerinnt.
2. Mit Salz, Pfeffer und nach Belieben etwas Zitronensaft abschmecken.

SALSA VERDE – FAST EIN CHIMICHURRI

Salsa verde ist nichts anderes als eine grüne Sauce aus pürierten Kräutern. Sie verneigt sich vor deinem Kräutergarten und verwandelt deine Ernte in wahre Magie. Wenn du noch frische Chili zufügst, wird daraus die argentinische Kräutersauce Chimichurri, die auch in der mexikanischen Küche sehr beliebt ist.

ZUTATEN

Für 4 Personen

1 Handvoll glatte Petersilie
1 Handvoll Minze
1 Handvoll Dill
1 Handvoll Kerbel
1 Handvoll Estragon
200–300 ml natives Olivenöl extra, je nachdem, wie dick die Sauce werden soll
2 Sardellenfilets
1 Knoblauchzehe
1 EL eingelegte Kapern
Saft von ½ Zitrone
Salz und schwarzer Pfeffer

1. Alle Kräuter sorgfältig abbrausen.
2. Alle Zutaten bis auf Zitronensaft, Salz und Pfeffer in einer Küchenmaschine oder mit einem Pürierstab glatt pürieren.
3. Bei Bedarf mit mehr Öl verdünnen.
4. Mit Zitronensaft, Salz und Pfeffer abschmecken.

Ideal zu Gegrilltem oder Gebratenem, das etwas grüne Saucenliebe vertragen kann. Seien es Lamm, Spargel, Fisch oder kalter Braten.

MOLE POBLANO – MEXIKANISCHE SCHOKO-CHILI-SAUCE

Über mexikanische Dips und Saucen könnte man vermutlich ein eigenes Buch schreiben. Das überlasse ich aber lieber anderen, die sich damit besser auskennen. Mole poblano heißt wörtlich übersetzt Bauernsauce und ist eine außergewöhnliche, dunkelbraune Saucenmajestät, die Schokolade und Chili enthält. Meine Version ist eine wahre Chili-Orgie, wobei ich mich jedoch für eher milde Sorten entschieden habe. Einfach ausprobieren!

ZUTATEN

Für 4 Personen

500 ml Geflügelfond
3 getrocknete Chipotle-Morita-Chilis
5 getrocknete Guajillo-Chilis
4 getrocknete Ancho-Chilis
4 getrocknete Pasilla-Chilis
½ TL Korianderkörner
1 EL Kümmelkörner
½ TL Pfefferkörner
2 Sternanis
6 Gewürznelken
2 Zimtstangen
20 g Sesamsaat
1 Zwiebel
4 Knoblauchzehen
Öl
30 g Rosinen
17 g ganze Mandeln
25 g Sonnenblumenkerne
4 Tomaten
1 Kochbanane oder gewöhnliche Banane
1 Tortillabrot
2 Tomatillos
1 EL getrockneter Thymian
1 EL getrockneter Oregano
30 g Zartbitterschokolade mit hohem Kakaoanteil
1 ½ EL Muscovado- oder Rohrohrzucker
Salz

Fortsetzung auf der Folgeseite ➤

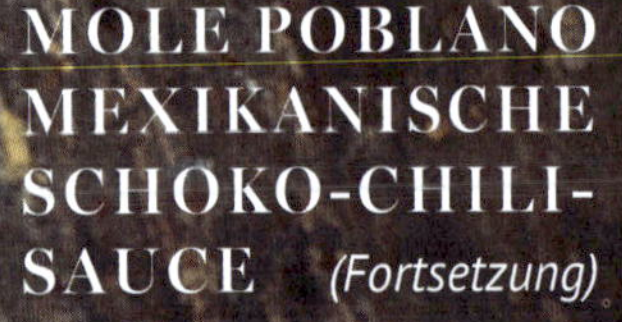

MOLE POBLANO – MEXIKANISCHE SCHOKO-CHILI-SAUCE *(Fortsetzung)*

1. Den Geflügelfond auf mittlerer Stufe erhitzen.
2. Die Chilis in einer Pfanne ohne Öl bei mittlerer Hitze vorsichtig rösten, sodass sie nicht verbrennen.
3. Die gerösteten Chilis 30 Minuten im Geflügelfond ziehen lassen.
4. Derweil Koriander, Kümmel, Pfeffer, Sternanise, Nelken und Zimtstangen ebenfalls in einer Pfanne ohne Öl auf mittlerer Stufe 3–4 Minuten rösten.
5. Geröstete Gewürze und die Hälfte des Sesams in einem Mörser oder einer Kaffee-/Gewürzmühle zu einem Pulver verarbeiten.
6. Die Chilis aus dem Fond entfernen und beiseitelegen.
7. Die Chilis aufschneiden, entkernen und grob hacken.
8. Zwiebel und Knoblauch grob hacken.
9. Etwas Öl in einer Pfanne erhitzen und Zwiebel und Knoblauch darin glasig dünsten. Aus der Pfanne nehmen.
10. Die Rosinen in derselben Pfanne braten, bis sie sich aufblähen.
11. Anschließend Mandeln und Sonnenblumenkerne darin goldgelb rösten.
12. Die Tomaten braten, bis sie aufplatzen, dann würfeln.
13. Die Kochbanane in Scheiben schneiden und goldgelb braten.
14. Die Tortilla klein schneiden und in einer Pfanne knusprig rösten.

15. Die Tomatillos hacken und mit den gerösteten und gebratenen Zutaten samt Chilis in einem Standmixer glatt pürieren.

16. 50 ml des Geflügelfonds zufügen und weiterpürieren. Nochmals 50 ml Fond zugießen und den Vorgang wiederholen, bis eine sämige Sauce entstanden ist. Bei Bedarf mehr Fond zufügen.

17. Die Sauce durch ein Sieb passieren, um eventuelle Gewürzstücke zu entfernen.

18. Die Sauce in einem Topf aufkochen. Thymian, Oregano, Schokolade und Zucker zufügen und mit Salz abschmecken.

19. Auf kleiner Stufe 35 Minuten unter gelegentlichem Rühren köcheln.

20. Die Sauce bei Bedarf mit mehr Geflügelfond verdünnen.

PS: Experimentiere einfach mit den Chilis, die du findest. Bei dieser Sauce habe ich mich in Sachen Chili richtig ausgetobt, aber die einzelnen Sorten sind nicht besonders scharf. Für mich war das Aroma entscheidend.

GORMS SALSA

Meine Salsa ist eine echte Alleskönnerin. Zu überbackenen Nachos mit Cheddar gibt es nichts Besseres. Auch in einem Burger, einem Taco oder auf einem Dorschfilet (auf Alufolie gelegt und gegrillt) macht sie sich gut. Wie gesagt, ein echter Allrounder.

ZUTATEN

Dip für 4 Personen

3 reife Tomaten (z.B. Pflaumen- oder Cherrytomaten, bei Letzteren ein paar mehr zufügen)
1 frische Chili mit Schärfe nach Geschmack, in diesem Rezept bevorzuge ich Habanero
1 TL Honig
½ Schalotte oder 2 Frühlingszwiebeln
½ Knoblauchzehe
etwas geräuchertes Paprikapulver
1 EL Ketchup (optional)
1 Gewürzgurke
Salz

1. Alle Zutaten bis auf die Gurke in einer Küchenmaschine zerkleinern, es sollten aber noch ein paar Stückchen übrig bleiben.
2. Abschmecken, ob die rechte Balance zwischen der Schärfe und Süße der Tomaten vorhanden ist (mit der Gewürzgurke kommt später auch noch Säure hinzu).
3. Du kannst die Gurke entweder mit einem Messer hacken und der Salsa so eine gröbere Textur verleihen oder sie mit der Pulsfunktion in der Maschine pürieren.
4. Mit Salz und etwas Chili abschmecken, falls die Salsa noch Wumms vertragen kann.

Koriander und Limettenschale verleihen der Salsa eine tolle zusätzliche Geschmacksnuance.

PESTO ALLA GENOVESE – BASILIKUMPESTO

Vor Jahren galt Pesto noch als hippste Sauce überhaupt, inzwischen schaut man fast verächtlich auf sie herab. Ja, auch die Kulinarik ist Trends unterworfen. Für mich bleibt Pesto jedoch ein zeitloser Klassiker, eine geniale Allround-Sauce, die dazu noch innerhalb von etwa 10 Minuten zubereitet ist. Sie verzaubert Nudeln, peppt dein Sandwich auf, verfeinert Dressings und verziert deine Pizza. Unter mein Grundrezept mische ich je nach Saison auch noch andere Kräuter. Petersilie und Grünkohl werden bei mir ebenfalls zu Pestos verarbeitet. Bei Letzterem ist allerdings wichtig, ihn zuvor durch Blanchieren zarter zu machen. Nicht zu vergessen das großartige Bärlauchpesto. Dank ihm wird Pesto gerade wieder instagrammable.

ZUTATEN

Ergibt ca. 500 ml Pesto, je nachdem wie dick es sein soll

1 großes Bund frisches Basilikum
2–3 Knoblauchzehen
Abrieb und Saft von ½ Bio-Zitrone
1 große Handvoll Parmesan oder Grana Padano, klein gewürfelt
1 kleine Handvoll geröstete Pinienkerne
1 kleine Handvoll ungeröstete Pinienkerne
200–300 ml hochwertiges Olivenöl
Salz und schwarzer Pfeffer

1. Basilikum, Knoblauch, Zitronenabrieb, Käse, Pinienkerne und Olivenöl in einen Standmixer geben.
2. Pürieren, bis die gewünschte Konsistenz erreicht ist. Ich mag es etwas gröber.
3. Mit etwas Salz, Pfeffer und Zitronensaft würzen. Am besten schmeckt das Pesto, wenn es über Nacht durchziehen kann.

Meist bereite ich große Portionen zu, denn Pesto hält sich im Kühlschrank lange, wenn man die Oberfläche nach jeder Entnahme glatt streicht und mit einer Schicht Olivenöl bedeckt.

TIPP

Die teuren Pinienkerne kann man auch durch geröstete Sonnenblumenkerne, Mandeln oder Walnüsse ersetzen. Letztere machen sich besonders im Grünkohlpesto gut.

PAPRIKACREME – PERFEKT ZU GEGRILLTEM

Diese Paprikacreme ist ein Muss zu Gegrilltem und gehört bei mir zu Hause sozusagen zur Grundausstattung. Manchmal schmuggle ich auch noch eine gegrillte Chili hinein. Sie ist ein Dip, der zu allem passt, von Hähnchen über Braten bis zu Grillwürstchen.

ZUTATEN

Dip für 4 Personen

3 rote Paprika
1–3 Knoblauchzehen
200–300 ml neutrales Öl, z.B. mildes Rapsöl
ca. 100 ml natives Olivenöl extra mit mildem Geschmack (hochwertiges Rapsöl ist ebenso geeignet)
etwas frische Minze, fein gehackt
Salz und schwarzer Pfeffer
Abrieb von 1 Bio-Zitrone (optional)
1 Sardellenfilet (optional)

1. Den Grill oder Backofengrill vorheizen. Die Paprika vierteln und entkernen. Mit der Hautseite nach unten auf den Grill oder mit der Haut nach oben unter den Backofengrill legen. Sobald die Haut gut angeschwärzt ist, die Paprika in einen Gefrierbeutel geben, diesen schließen und die Paprika im Beutel abkühlen lassen. Danach lässt sich die Haut ganz einfach abziehen.

2. Die Paprika mit Knoblauch und Öl in einen Zerkleinerer oder Standmixer geben. Fein pürieren und mit Olivenöl, Minze, Salz, Pfeffer und nach Belieben mit etwas Zitronenabrieb und Sardellenfilet würzen.

GAZPACHO

Ja, ich weiß, Gazpacho ist eigentlich eine Suppe. Aber warum sollte man sich in seinen kulinarischen Entfaltungsmöglichkeiten ständig selbst einschränken? Ich verwende Gazpacho gerne als kalte Sauce zu gekochten oder gegrillten Garnelen, zu gebratenem Fisch oder Grillgemüse. Vollreife Sommertomaten, die tatsächlich nach etwas schmecken, verleihen ihr eine herrliche Frische. Auch auf gegrilltem Knoblauchbrot ist Gazpacho ein Traum!

ZUTATEN

Für 4 Personen

50 g Sauerteigbrot, gerne auch vom Vortag
250 g reife oder überreife Tomaten – sie sollten schön süß sein
1 rote Paprika
½ Salatgurke
1–2 Knoblauchzehen
1 kleines Sträußchen Basilikum (optional)
2 EL natives Olivenöl extra
100 ml Wasser
1 TL Apfel- oder Sherryessig zum Abschmecken
Salz und schwarzer Pfeffer

1. Das Brot würfeln.
2. Die Tomaten mit kochendem Wasser überbrühen. Kurz ziehen lassen, dann Haut und Kerne entfernen.
3. Die Paprika auf dem Grill oder im Backofen anschwärzen und 5 Minuten in einen Gefrierbeutel geben. So viel von der Haut abziehen wie möglich.
4. Alle Zutaten bis auf Essig, Salz und Pfeffer in einen Standmixer geben, fein pürieren und bei Bedarf mit etwas Wasser verdünnen.
5. Mit Essig, Salz und Pfeffer würzen und die Suppe in den Kühlschrank stellen.

TIPP

Bei vielen Gerichten und Saucen eignet sich Gazpacho auch als eine Art frischer Tomatenfond, z.B. in einer Bouillabaisse.

EIGELB – LAUWARM ODER GETROCKNET

Rohes Eigelb ist schon eine Sauce in sich. Als Bornholmer weiß ich das nur zu gut, denn bei uns ist Räucherhering mit rohem Eigelb fast schon ein Grundnahrungsmittel. Hier habe ich ein paar Beispiele zusammengestellt, was man aus purem Eigelb so alles machen kann.

LAUWARMES EIGELB

Besonders gut zu Tartar, gedämpftem Fisch und Blauschimmelkäse.

ZUTATEN

2 Eigelb pro Gast
etwas Salz

1. Eigelbe und Salz in einen kleinen Topf geben.
2. Beides bei geringer Hitze vorsichtig miteinander verrühren, bis die Eigelbe leicht andicken.

GETROCKNETES EIGELB

Passt zu Pastagerichten, gedämpftem und gebratenem Gemüse, Tartar, Fisch und vielem mehr.

ZUTATEN

1 Handvoll Salz
½ Handvoll Zucker
1 Eigelb pro Gast
Zeit

1. Salz und Zucker im Verhältnis 2:1 mischen.
2. Die Mischung in einer Form verteilen und kleine Mulden für die Eigelbe hineindrücken.
3. Die Eier trennen.
4. Die Eigelbe vorsichtig in die Mulden der Salz-Zucker-Mischung geben.
5. Die Eigelbe behutsam mit der Mischung bedecken.
6. 3–4 Tage in den Kühlschrank stellen.
7. Den Backofen auf 60 °C vorheizen. Überschüssige Salz-Zucker-Mischung von den Eigelben abbürsten oder abbrausen und 4–5 Stunden im Ofen trocknen.
8. In einem luftdichten Behälter im Kühlschrank aufbewahren.
9. Das Eigelb über Speisen nach Wahl reiben und die Coolness dieser »trockenen« Sauce genießen.

Microplane

gorm's ROMESCO

Romesco ist eine leicht scharfe, katalanische Sauce, die in meinen Restaurants fast Kultstatus erreicht hat. Sie ist einfach zuzubereiten, passt zu fast allem und hält sich lange im Kühlschrank. Das Rezept habe ich von Jakob, einem meiner ehemaligen Köche, dem ich sehr dafür danke, dass ich es hier veröffentlichen darf.

ZUTATEN

Ergibt 1 großes Glas

3 gegrillte rote Paprika
3 Knoblauchzehen
50 g Salzmandeln – auch geräucherte Salzmandeln sind einen Versuch wert
75 g sonnengetrocknete Tomaten
Olivenöl, bis die Konsistenz stimmt
Salz und schwarzer Pfeffer
etwas Essig oder Zitronensaft (optional)
geräuchertes Paprikapulver (optional)

1. Die Paprika auf dem Grill oder unter dem Backofengrill rundum anschwärzen. In einen Gefrierbeutel geben, verschließen und etwa 5 Minuten im Beutel abkühlen lassen. Dann die Haut abziehen.

2. Alle Zutaten in einem Standmixer fein pürieren und mit Salz und Pfeffer würzen.

3. Nach Belieben noch etwas Essig oder Zitronensaft zufügen.

4. Ich liebe einen schönen Rauchgeschmack und würze deshalb gerne mit geräuchertem Paprikapulver.

WELCHE SAUCE ZU WELCHEM GERICHT?

Diese Frage ist leicht zu beantworten: Natürlich nimmt man zu seinem Gericht die Sauce, die einem schmeckt! Eine Sauce, die den Gaumen verwöhnt und die alles in einer höheren Einheit aufgehen lässt. Dein Geschmack zählt! Aber obwohl es keine klaren Regeln gibt, haben sich doch so einige Traditionen eingebürgert. Deshalb kommen hier ein paar Tipps und Ratschläge von mir, die allerdings stark von meinem Gusto geprägt sind. Pass die Sauce einfach dem Gericht, deinen Gästen, der Jahreszeit oder was auch immer an. Auf diese Weise entstehen die schönsten kulinarischen Erlebnisse.

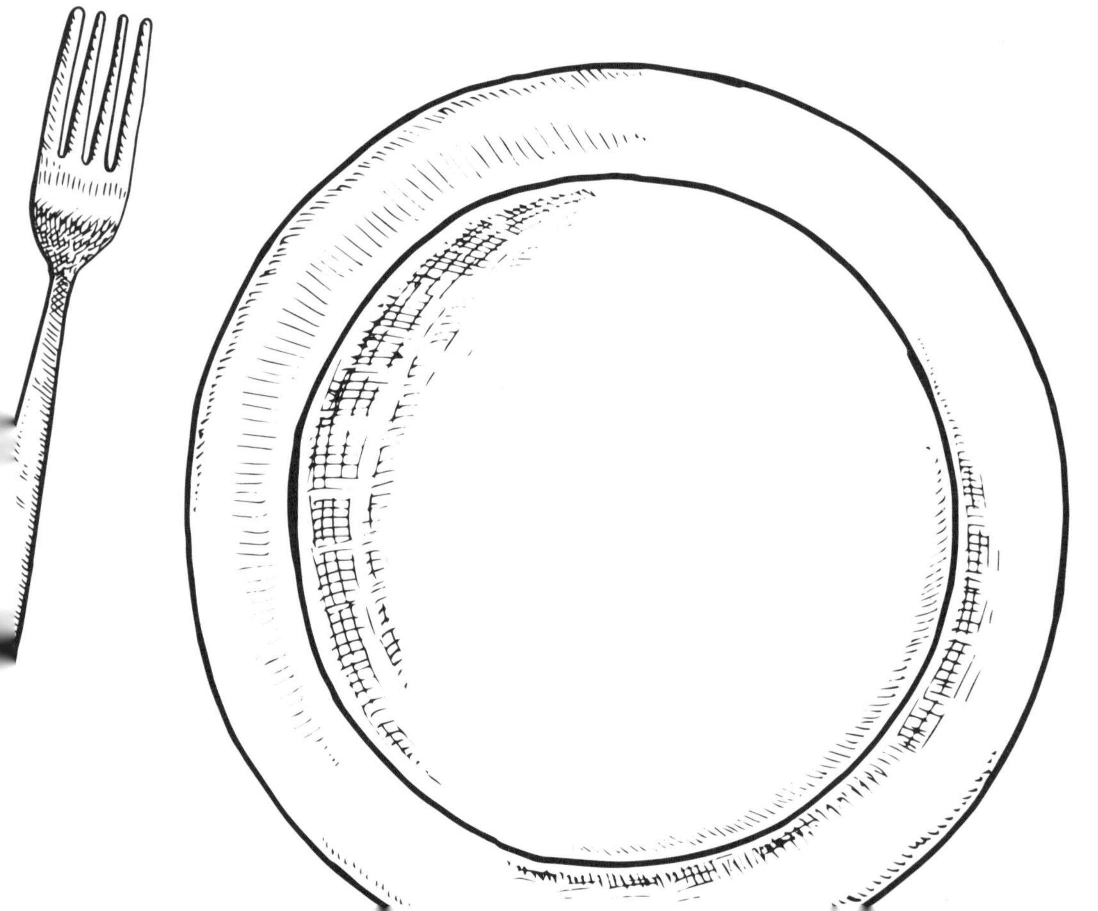

ZU GEFLÜGEL

Sauce blanquette, S. 94

Pilzsauce, S. 96

Sauce américaine, S. 111

Caesar-Dressing, S. 126

Salsa verde, S. 132

Mole poblano, S. 134

Paprikacreme, S. 142

Gorms Romesco, S. 151

ZU GEDÄMPFTEM GEMÜSE

Buttersauce, S. 58

Beurre blanc, S. 62

Sauce hollandaise, S. 79

Sauce mousseline, S. 82

Sauce béarnaise, S. 84

Mayonnaise, S. 112

Aioli, S. 114

Mormordressing – dänisches Sahnedressing, S. 123

Ei-Vinaigrette, S. 124

Hummus, S. 129

Petersilien-Gurken-Dip, S. 130

Eigelb, S. 146

ZU GEGRILLTEM GEMÜSE

Sauce nage, S. 70

Sauce béarnaise, S. 84

Sauce Choron, S. 88

Sauce espagnole, S. 91

Mayonnaise, S. 112

Aioli, S. 114

Thousand-Island-Dressing, S. 120

Caesar-Dressing, S. 126

Hummus, S. 129

Petersilien-Gurken-Dip, S. 130

Paprikacreme, S. 142

Gorms Romesco, S. 151

ZU GEBRATENEM FISCH

Buttersauce, S. 58

Beurre blanc, S. 62

Sauce blanquette, S. 94

Sauce américaine, S. 111

Salsa verde, S. 132

Gorms Salsa, S. 138

Paprikacreme, S. 142

Gazpacho, S. 144

Gorms Romesco, S. 151

ZU GEDÄMPFTEM FISCH

Beurre blanc, S. 62

Sauce nage, S. 70

Sauce hollandaise, S. 79

Senfsauce, S. 80

Sauce mousseline, S. 82

Chowder, S. 106

Eigelb, S. 146

ZU KRUSTEN- UND SCHALENTIEREN

Buttersauce, S. 58

Gebräunte Butteremulsion, S. 60

Sauce tartare à la Magnus Laier Sonne, S. 73

Muschelsauce mit Sahne, S. 104

Hummersauce, S. 109

Sauce américaine, S. 111

Mayonnaise, S. 112

Aioli, S. 114

Thousand-Island-Dressing, S. 120

Mormordressing – dänisches Sahnedressing, S. 123

Salsa verde, S. 132

Gazpacho, S. 144

ZU ROTEM FLEISCH

Rotweinglace, S. 56

Sauce béarnaise, S. 84

Sauce Choron, S. 88

Sauce espagnole, S. 91

Sauce bordelaise, S. 92

Pilzsauce, S. 96

Whiskey-Pfeffer-Sauce, S. 100

Sauce américaine, S. 111

Gorms Salsa, S. 138

Paprikacreme, S. 142

Gorms Romesco, S. 151

ZU FRIKADELLEN UND HACKFLEISCHGERICHTEN

Braune Pfannensauce, S. 46

Braune Sauce, S. 48 und 50

Pilzsauce, S. 96

Sauce au poivre – Pfeffersauce, S. 98

Biersauce mit getrockneten Pilzen, S. 102

ZU GEBRATENEM SCHWEINEFLEISCH

Gorms Weihnachtssauce mit Sahne, S. 52

Sauce espagnole, S. 91

Pilzsauce, S. 96

Sauce au poivre – Pfeffersauce, S. 98

Biersauce mit getrockneten Pilzen, S. 102

Sauce américaine, S. 111

Mole poblano, S. 134

Gorms Salsa, S. 138

ZU LAMMBRATEN

Rotweinglace, S. 56

Pilzsauce, S. 96

Biersauce mit getrockneten Pilzen, S. 102

Petersilien-Gurken-Dip, S. 130

Salsa verde, S. 132

Paprikacreme, S. 142

Gorms Romesco, S. 151

REZEPTREGISTER

Illustrationen
Cover: ArtoPhotoDesigno Studio/Shutterstock.com
Vorsatz, Nachsatz: ArtoPhotoDesigno Studio/Shutterstock.com
Inhalt: S. 2, 6, 17, 42, 46, 58, 62, 73, 79, 82, 86, 104, 114, 123, 130, 137:
ArtoPhotoDesigno Studio/Shutterstock.com; S. 152: Egor Shilov/Shutterstock.com
Fotografie: David Bering/Montgomery

Die Originalausgabe dieses Buches ist unter dem Titel »Sovs«
2021 bei Forlaget Turbine, Aarhus, erschienen.

Diese Ausgabe ist eine von Forlaget Turbine genehmigte Lizenzausgabe.

Aus dem Dänischen übersetzt von Melanie Schirdewahn.

2. Auflage, 2025

Layout: Karin Hald
Lektorat: Asta Machat, München
Druck und Bindearbeiten: Graspo CZ. a.s.
Printed in Czechia

ISBN 978-3-03902-215-1

Für Herstellung und Einfuhr in die EU: AT Verlag AG, Bahnhofstraße 41, 5000 Aarau, Schweiz, info@at-verlag.ch; AT Verlag Deutschland, c/o Atmosphären Verlag GmbH, Fruchthof, Gotzinger Straße 52b, 81371 München, Deutschland, info@atverlag.de

www.at-verlag.ch

Der AT Verlag wird vom Bundesamt für Kultur für die Jahre 2021–2025 unterstützt.